Hanowell | Johnny Cash. 100 Seiten

* Reclam 100 Seiten *

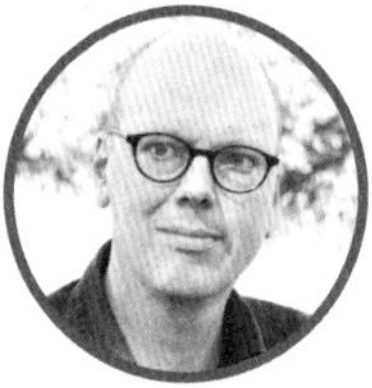

HOLGER HANOWELL, geb. 1969, ist freier Übersetzer von historischen Romanen, Sachbüchern und Belletristik. Im Alter von zehn Jahren entdeckte er im Regal seines Vaters eine einsame Johnny-Cash-Kassette – mit Auswirkungen, die bis heute hörbar sind.

Holger Hanowell

Johnny Cash. 100 Seiten

RECLAM

Für Roman. Auf seiner Gospel Road.

2022 Philipp Reclam jun. Verlag GmbH,
Siemensstraße 32, 71254 Ditzingen
Umschlaggestaltung: Philipp Reclam jun. Verlag GmbH nach einem Konzeit von zero-media.net
Infografik (S. 22 f.): annodare GmbH, Agentur für Marketing
Bildnachweis: S. 6: Pictorial Press Ltd. / Alamy; S. 38: Keystone Press / Alamy; S. 65: CC BY-SA 2.5 / Wikimedia Commons; S. 80: United Archives / Imago; Autorenfoto: © Agentur Peeperkorn
Druck und Bindung: Eberl & Koesel GmbH & Co. KG,
Am Buchweg 1, 87452 Altusried-Krugzell
Printed in Germany 2022
RECLAM ist eine eingetragene Marke
der Philipp Reclam jun. GmbH & Co. KG, Stuttgart
ISBN 978-3-15-020581-5

Auch als E-Book erhältlich

www.reclam.de

Für mehr Informationen zur 100-Seiten-Reihe:
www.reclam.de/100Seiten

Inhalt

Schlaglichter 1984/1994

Mit der Stimme von Johnny Cash bin ich groß geworden. Ich sammelte Schallplatten des Sängers, allerdings ausgerechnet, als das Sternbild des ›Man in Black‹ bereits fast völlig hinter dem Horizont verschwunden war. In den 1980er Jahren hatte ich es nicht leicht, denn wer hörte damals im Alter von 12 oder 14 Jahren schon Country? Also gab es nur zwei Möglichkeiten: entweder den Musikgeschmack zu verschweigen oder offen zu bekennen, dass sich Johnny-Cash-Scheiben auf meinem Plattenteller drehten, selbst auf die Gefahr hin, vor Scham im Boden zu versinken. Eine Szene wie in Cashs »A Boy Named Sue«?: »Some girls giggled and I turned red.«

Damals waren New Wave, Neue Deutsche Welle oder New Romantic angesagt. Vereinzelt traf man auf Punks. Man identifizierte sich aber vor allem über seine Stars in den Charts: Als junger Cash-Fan stand ich also auf verlorenem Posten, denn Johnny Cash tauchte überhaupt nicht mehr in den Charts auf. Für die Musikkritiker oder Radiosender existierte er allenfalls am Rande als betagte, angestaubte Legende.

1983 verfolgte ich Cashs Aufritt bei *Wetten dass*, für viele ein Desaster. Ich bekam die Häme meiner Klassenkameraden zu spüren: »Was, *den* findest du gut?« Aus der Rückschau trägt er die Songs an sich ganz ordentlich vor, schlimm nur der Part, als er lang und weitschweifig erklärt – und das in furchtbarem Deutsch –, dass seine Frau zusammengebrochen sei, die am Abend eigentlich mit ihm hätte auftreten sollen (auch Talkmaster Frank Elstner war überrascht). In Erinnerung bleibt der auf Deutsch radebrechende Cash, der schließlich nach dem zweiten Song theatralisch auf die Knie sinkt, als er sich beim deutschen Publikum bedankt. Stand er unter Einfluss von Amphetaminen, Schmerztabletten oder Alkohol? Die Wahrheit liegt wohl irgendwo in der Mitte.

Unabhängig vom *Wetten dass*-Auftritt war es in Deutschland unter jungen Leuten einfach nicht cool, Country zu hören. Diese Musikrichtung wurde 1 zu 1 mit Schlagern oder Volksmusik gleichgesetzt, Country war Festzeltfrohsinn, Strass, übergroße Hüte wie der von Tom Astor oder höchstens noch die deutschsprachig singende Band Truck Stop.

Zehn Jahre können im Musikgeschäft einen gewaltigen Unterschied ausmachen. 1994 feierte Johnny Cash sein Comeback auf Rick Rubins Label American Recordings, und endlich wurde dem Sänger mit der markanten Stimme wieder die Aufmerksamkeit zuteil, die er als Künstler verdiente. Rückblickend wäre es sicher cooler gewesen, Mitte der 1990er Jahre bekennender Cash-Fan zu sein (spätestens seit dem Video »Delia's Gone« mit dem Supermodel Kate Moss als hingemordete Frau in offener Grube auf sturmumtostem Friedhof lag ihm die noch junge MTV-Gemeinde zu Füßen). Aber ich hatte durchgehalten, hatte während der langen Durststrecke des Künstlers weiter Platten gesammelt und wurde am Ende belohnt: Alle Welt hörte plötzlich wieder Johnny Cash. Es war cool, über die Alben zu philosophieren, die Rick Rubin produzierte. Cool auch die schwarz-weiß gehaltenen

Cover, die mit dem Stempel CASH daherkamen – fort war der Johnny.

Auch wer also erst 1994 auf den ›Man in Black‹ aufmerksam wurde und sich dem Spätwerk näherte, kam auf seine Kosten. Denn alle Alben der *American*-Reihe sind grandios produziert und bieten wunderbare Songs. Die eindrucksvollen Coverversionen hätte man dem Altstar womöglich gar nicht mehr zugetraut. Hand aufs Herz, wer hätte schließlich gedacht, dass Cash »Rusty Cage« von Soundgarden, »Personal Jesus« von Depeche Mode oder »Hurt« von Nine Inch Nails singen könnte?

Wie hätten wohl Elvis, Jim Morrison oder Kurt Cobain im Alter geklungen? Was für Material hätten Künstler wie Jimi Hendrix oder Janis Joplin mit 60 oder 70 ausgewählt? Im Fall von Johnny Cash weiß man es: Die Stimme war über die Jahre tiefer und ausdrucksstärker geworden, aber auch brüchiger.

Wie kaum ein anderer Künstler reifte Cash im Alter wie ein guter Wein.

»A new sun risin' on the way we sing«: Der Weg zu Sun Records in Memphis

Johnny Cash kommt am 26. Februar 1932 im ländlichen Arkansas in ärmlichen Verhältnissen zur Welt, als viertes von insgesamt sieben Kindern. Schon früh arbeitet J. R., wie er zu Hause genannt wird, mit seinen Geschwistern auf den Baumwollfeldern, die der Vater im Zuge eines staatlichen Hilfsprogramms nach der Großen Depression im Dyess County gepachtet hatte (gemeinsamer Gesang bei der Feldarbeit und am Abend das Radio halten am Leben). Nach dem Besuch der High School hat Cash keine genauen Berufsvorstellungen, nimmt Gelegenheitsjobs an und meldet sich schließlich 1950 zu Beginn des Koreakriegs freiwillig bei der Air Force. Von Oktober 1951 bis Juni 1954 leistet er seinen Militärdienst in Deutschland, ist auf einem Fliegerhorst bei Landsberg/Lech in Bayern stationiert und überwacht als Abhörspezialist den Funkverkehr der sowjetischen Luftwaffe. Bereits dort ›jammt‹ er mit Kameraden, den ›Landsberg Barbarians‹. Für fünf Dollar kauft er sich eine Gitarre, schreibt Songtexte und träumt davon, eines Tages im Radio singen zu können. Für ihn ist Musik immer schon wie die Luft zum Atmen gewesen. Seine Mutter Carrie war sehr musikalisch, sie spielte Klavier, hatte ihrem

Sohn die erste Gitarre gekauft und ihn ermuntert, weiter zu singen.

Johnny Cash ist ein Kind der Südstaaten. Sein Musikgeschmack ist von klein auf von Countrymusik geprägt, schon als Junge hat er über das Radio Countrysänger wie Roy Acuff, Ernest Tubb oder Hank Williams gehört, aber auch Bing Crosby, die Andrew Sisters und die Gospelsängerin und Gitarristin Sister Rosetta Tharpe.

> »All of us ran through when Elvis opened up the door«
> aus: »I will Rock and Roll with You«

Cashs musikalische Karriere beginnt dann aber nicht in Nashville, der Herzkammer der Countrymusik, sondern in Memphis, genauer gesagt: auf der Union Avenue im legendären Sun Studio, das Sam Phillips (1923–2003) gehört. Der Produzent Phillips hat mit schwarzen Rhythm & Blues Musikern wie Howlin' Wolf oder B. B. King gearbeitet – in den Südstaaten für einen weißen Plattenboss nicht selbstverständlich –, ehe ihm 1954 mit dem neunzehnjährigen Elvis Presley ein ganz besonderer Fisch ins Netz geht. Phillips hat ein Gespür für junge Talente. Im Juli 1954 erscheint Presleys erste Single »That's All Right«, die die Karriere dieses Ausnahmekünstlers einläutet. Nach und nach geben sich junge, aufstrebende Sänger und Musiker in Phillips' Studio die Klinke in die Hand, neben Johnny Cash Carl Perkins, Roy Orbison, Jerry Lee Lewis, Billy Lee Riley, Charlie Rich oder der etwas unbekanntere, gleichwohl einflussreiche Charlie Feathers.

Im Dezember 1956 kommen vier Sänger zusammen, die alle noch am Anfang ihrer Karriere stehen. Die Jam Session erhält

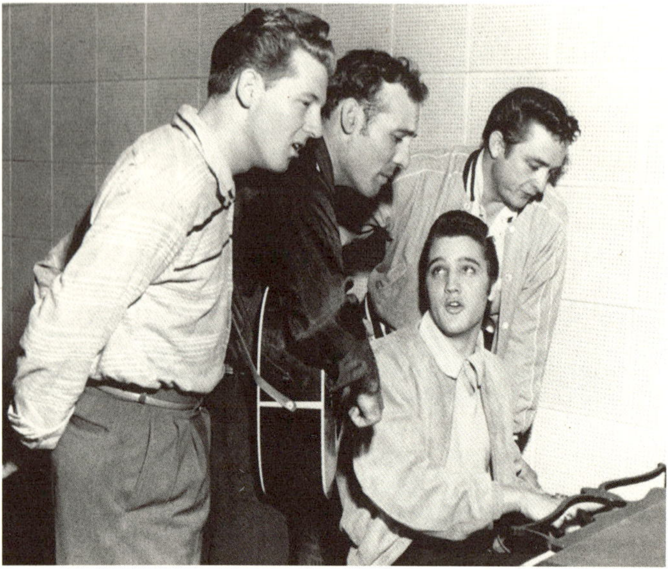

Jerry Lee Lewis, Carl Perkins, Elvis und Johnny Cash in den Sun Records Studios (v.l.n.r.)

später den Namen »Million Dollar Quartet«, eine Anspielung auf das kommerzielle Potenzial der vier Stars. Elvis sitzt am Klavier (nicht der »Killer« Lewis), umringt von den drei anderen Sängern. Mag sein, dass das Bild gestellt ist, die Gelegenheit für den Fotografen war aber sicher zu verlockend, denn so jung sollten die vier nicht mehr zusammenkommen. Eigentlich hat Carl Perkins das Studio gebucht, Elvis schaut nur kurz vorbei, die anderen beiden haben offenbar auch nichts Besseres zu tun …

Nach dem Wechsel zu RCA Records legt Elvis Presley eine

kometenhafte Karriere hin und verglüht mit 42 Jahren. Carl Perkins landet einen Riesenhit mit »Blue Suede Shoes«, kann nach einem Unfall nicht mehr an seine frühen Erfolge anknüpfen, spielt später einige Jahre in Cashs Band und erlebt in den 1980ern im Zuge des Rockabilly Revivals ein Comeback. Jerry Lee Lewis, einer der wildesten Rock 'n' Roller, der sein Klavier mit Händen und Füßen traktiert und nach dem Ende der heißen Rock 'n' Roll Phase und einem handfesten Skandal erfolgreich ins zahmere Countryfach wechselt, ist der »Last Man Standing« des Quartetts.

> »Hätte es Sam Phillips nicht gegeben, würde ich wahrscheinlich noch heute auf einem Baumwollfeld arbeiten«
> aus: *Cash. The Autobiography* (1997)

Mit der Mixtur aus weißen Countryelementen und schwarzem Rhythm & Blues setzt sich der neue Rockabilly Stil auch im Sun Studio durch, eine Spielart des Rock 'n' Roll, die hauptsächlich auf die Südstaaten beschränkt bleibt. Rockabilly ist eine Wortschöpfung aus »Rock 'n' Roll« und »Hillbilly«: noch in den 1950ern eine gängige Bezeichnung für Countrymusik. Memphis, Tennessee, ist etwas Besonderes, ist eine Musikmetropole, ein musikalisches Babylon aus Weiß und Schwarz, Arm und Reich, neben New Orleans ein Zentrum des Blues. B.B. King besitzt dort einen Club. Der klassische Memphis Blues mit Rhythmus- und Leadgitarre setzt Maßstäbe, Blues und Gospel verschmelzen. Neben dem Blues wird in Memphis dem Rock 'n' Roll der Weg geebnet.

Die Entlassungsurkunde von der Air Force in der Tasche, zieht es auch Johnny Cash 1954 nach Memphis. Er ist frisch verheiratet mit Vivian Liberto, die er 1951 in San Antonio kennengelernt hatte. Zunächst arbeitet er als Vertreter für Haushaltsgeräte, abends jammt er mit seinem älteren Bruder Roy und zwei Freunden: Marshall Grant und Luther Perkins werden später seine Bandkollegen als die legendären Tennessee Two. Elvis hat sozusagen »die Tür aufgestoßen«, wie Cash es in seinem nostalgischen Song »I will Rock and Roll with You« formuliert. Presleys »That's All Right« wird 1954 von den lokalen Radio DJs quasi ununterbrochen gespielt. In Memphis brodelt es musikalisch, und so träumt auch Cash weiterhin davon, Musik zu machen und eines Tages seine Stimme im Radio zu hören. Sein Lieblingsplattenladen: ›Home of the Blues‹ in der Beale Street in Memphis. Besonders angetan ist er im Nachhinein von Alan Lomax' Album *Blues in the Mississippi Night.*

Ende 1954 nimmt Cash all seinen Mut zusammen und stellt sich im Sun Studio vor, aber mit der Absicht, Gospelsongs aufzunehmen. Gospel verkaufe sich aber nicht, lässt ihn der Studioinhaber wissen. Es wird für den jungen Mann hart werden, überhaupt einen Fuß in die Tür zu bekommen. Als Sam Phillips dann endlich etwas mehr Zeit für den Dreiundzwanzigjährigen hat, spielt Cash ihm Lieder von Hank Snow und Ernest Tubb vor, aber auch ein, zwei Songs, die er während seiner Dienstzeit bei der Air Force in Deutschland geschrieben hat (u. a. »Hey, Porter«). Phillips ist nicht sonderlich begeistert, stellt Cash jedoch in Aussicht, er könne noch einmal wiederkommen, mit eigenem Material.

Cash nimmt ihn beim Wort und bringt seine beiden Freunde mit. Doch auch mit seinem kleinen Jam-Session-Trio kann er zunächst nicht überzeugen – doch irgendetwas muss Phillips in dem Kerl mit der dunklen, tiefen Stimme gesehen haben: »Dieser Junge hatte etwas an sich, man hatte zwangsläufig den Wunsch, mehr von dem zu hören, was er einem zu sagen hatte.« Er nimmt die drei jungen Männer im April 1955 unter Vertrag. Sein Rat an Cash, der sich als »John Cash« vorgestellt hat: Aus kommerziellen Gründen solle er sich »Johnny« nennen – fortan steht auf den Sun-Singles: Johnny Cash and the Tennessee Two.

Im Frühjahr 1955 spielen Cash und seine Freunde mit »Hey, Porter« und »Cry, Cry, Cry« zwei Songs aus Cashs Feder ein. Die erscheinen am 21. Juni als Single – stilistisch geht es in Richtung Rockabilly und Country Blues, es sind keine Countrylieder der alten Schule. Die Memphis DJs spielen die Single, kleinere Auftritte und Touren in der näheren Umgebung der Musikmetropole folgen. Im Sommer 1955 wechseln sich Cash und Presley oft auf denselben Kleinstbühnen ab. Eine wichtige Etappe für die aufblühende Karriere: Die im Radio übertragene Countrymusik-Show *Louisiana Hayride* aus Shreveport. Cashs früher Stil ist kein echter Rock 'n' Roll, als Sänger hat er sich auch nicht der Art der Rockabillys verschrieben, singt nicht mit deren markantem »Schluckauf«.

Er hat anscheinend das Talent dafür, gute Songs zu schreiben. Mit »Hey, Porter« leitet Cash sozusagen seine Begeisterung für Züge ein. Der junge Mann im Song kann es auf der Fahrt durch »Dixie«, den Süden der USA, gar nicht abwarten, endlich wieder im geliebten Tennessee anzukommen: »I'm gonna set my feet on Southern soil / And breathe that Southern air.« Eine schnelle, prägnante Nummer. Das Motiv der Eisenbahn sollte noch in vielen Cash-Songs auftauchen – so auch in »Like the 309«, dem letzten Song, den Cash schrieb. Man solle seinen Sarg ruhig auf den Zug legen: »Write me a letter, sing me a song / Tell me all about it, what I did wrong / Meanwhile, I will be doin' fine / Then load my box on the 309.« Der

Titel »Cry, Cry, Cry« ist langsamer gehalten und setzt sich auch vom Text her gesehen vom üblichen Countrymaterial ab. Ein Mann beklagt sich über seine Frau und lässt kein gutes Haar an ihr. Für die eigenen Songs übernimmt Cash die Rolle des Ich-Erzählers aus den Klageliedern von Hank Williams, allerdings erliegt der Sprecher in »Cry, Cry, Cry« nicht dem Selbstmitleid, sondern lässt die Frau wissen, sie werde noch bereuen, was sie ihm angetan habe: »It'll hurt when you think of the fool you've been / You're gonna cry, cry, cry.«

Bereits zu Beginn seiner Karriere ist klar, dass Cash nicht nur eingängige Melodien findet, sondern auch gute Texte schreiben kann, Texte voller Atmosphäre, die oft ernst und etwas melancholisch wirken. Vor allem nimmt man dem Sänger ab, was er singt, etwa in den autobiografischen Songs wie »Five Feet High And Rising«, Cashs Beschreibung der Flutkatastrophe am Mississippi im Januar 1937. Und selbst wenn es einmal erdenschwer und verzweifelt daherkommt wie im »Folsom Prison Blues«, kauft man dem 23-jährigen Mann ab, was er einem über die Trostlosigkeit im Knast mitzuteilen hat: »I hang my head and cry.« Tatsächlich stammen viele der Lieder, die später zum Standard-Repertoire von Cash gehören, aus der frühen Phase bei Sun Records, wie etwa »Get Rhythm« über einen Schuhputzjungen, der großartige Titel »Big River«, das getragene Stück »Give My Love to Rose« oder eben »Hey, Porter«. Schon bei dieser Auswahl zeigt sich, dass Cash ein Storyteller ist, ein Geschichtenerzähler, der ohne viele Metaphern auskommt, um mit Einsamkeit in der Stimme von Liebe, Trauer, Erlösung oder von Killern zu erzählen.

In »Big River« verliebt sich ein Mann Hals über Kopf in eine Schönheit und folgt ihr den Mississippi hinab bis zum Golf, doch die Schöne erhört ihn nicht, lässt ihn abblitzen. Das Ganze ist musikalisch im Rockabilly-Stil gehalten auf die satten Gitarren reduziert. Der arme, liebeskranke Kerl könnte der »Trauerweide das Weinen beibringen« und den »Wolken zeigen, wie man den Himmel bedeckt«. Höhepunkt der komischen Selbstüberschätzung: »And the tears I cried for that woman are gonna flood you, Big River, then I'm gonna sit right here until I die.« Weltschmerz des Zurückgewiesenen. Cashs »Give My Love to Rose« fängt so unvermittelt an wie eine amerikanische Kurzgeschichte. Der Erzähler muss dem sterbenden Exsträfling, über den er buchstäblich stolpert, versprechen, Frau und Kind von ihm zu grüßen. Cashs Vortragsweise wirkt authentisch, auch wenn der später hinzugefügte Chor bei der Sun-Aufnahme nervt.

Besonders zwei Songs aus der Sun-Phase werden später zu Cashs Markenzeichen und ebnen dem Sänger den Weg in die Charts: »Folsom Prison Blues« und »I Walk the Line«. Mit »Folsom Prison Blues« nimmt Cash die zweite Single für das Sun-Label in Angriff, und auch bei Sam Phillips scheint der Funke übergesprungen zu sein: Das ist nicht der Honky Tonk-Stil mit Fiddle und Slide-Gitarre, wie man ihn von älteren Country-Stars wie Ernest Tubb oder Ray Price kennt. Der Sound von »Folsom Prison Blues« ist ungeschliffen, schroff, stampfend. Cashs Rhythmusgitarre scheppert wie eine Fußfessel, Marshall Grant schlägt auf den Bass ein, als würde man ein Handtuch durch die Luft knallen. Die Single vom Dezember 1955 steigt im Frühjahr 1956 in die Country-Charts ein, erreicht Platz 4 und wird fester Bestandteil der ersten Touren. Von da an brauchen sich Johnny Cash und seine Frau Vivian, die das zweite Kind erwartet, finanziell keine Sorgen mehr zu machen.

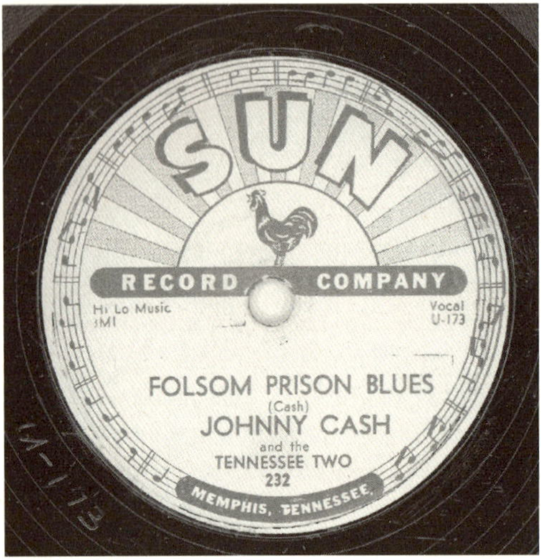

Die Single »Folsom Prison Blues«

»Folsom Prison Blues«

Kaum ein anderer Cash-Song verzahnt die Themen »Gefängnis« und »Zug« so stark wie dieser, kaum ein anderer Song trägt mehr zu Cashs Bad-Boy-Image bei. Für den im Song geschilderten Mord gibt es kein anderes Motiv als Neugierde – weder Rachegelüste noch Raub: »I shot a man in Reno, just to watch him die.« Umso schlimmer die Verzweiflung des Gefängnisinsassen. Es wird keine Erlösung erhofft wie in Dylans »I Shall be Released«. Unübertroffen der rohe, schneidende Sound der Version des Songs im Folsom-Prison-Konzert von 1968, das Cash mit dem berühmten »Hello, I'm Johnny Cash« einleitet. Die frühe Sun-Aufnahme von 1955 ist langsamer, der Gesang hat dort noch eine spezielle Synkopierung. Neben Jimmie

Alles NUR geklaut? Cash hatte für den »Folsom Prison Blues« ordentlich bei Gordon Jenkins' Song »Crescent City Blues« abgekupfert, der 1953 auf dessen Konzeptalbum *Seven Dreams* erschienen war. Da Jenkins nicht als Urheber genannt wurde, verklagte er Cash, allerdings erst 1968, als Cashs Live-Version aus der Kantine des Knasts die Charts stürmte. Dem blieb nichts anderes übrig als sich freizukaufen.

Rodgers' Song »Blue Yodel No. 1« (»T For Texas«) mit »I Gonna Shoot Poor Thelma« und anderen Mörderballaden des alten Countryliedguts legt dieser Song so etwas wie den Grundstein für alle späteren Bad Boy-Gangsta Rapper-Werke und lässt die Versuche der jugendlichen Möchtegern-Killer blass aussehen.

»I Walk the Line«

Im April 1956 nimmt Cash drei Songs auf, von denen zwei fester Bestandteil späterer Konzerte werden. Doch vor allem mit einem Titel der drei hat er sich als Songschreiber quasi in Stein gemeißelt: »I Walk the Line« erscheint am 1. Mai als Sun-Single 241, auf der B-Seite der Song »Get Rhythm«, den Cash laut eigener Aussage Elvis zugedacht hat. »I Walk the Line«, einer der wirkungsvollsten Cash-Songs überhaupt, bleibt sechs Wochen auf Platz 1 der Country-Charts, erreicht Goldstatus und klettert auf Platz 17 in den Pop-Charts. Das mantrahafte Lied über Treue hat etwas Einlullendes, fast Hypnotisierendes und ist völlig untypisch für einen Country-Song, nicht zuletzt, da wie bei einigen der frühen Cash-Songs aus der Sun-Ära ein

Wie sag ich's kreativ auf Deutsch?

Gunter Gabriel coverte »I Walk the Line« unter dem Titel »Ich bleib auf Kurs«; mit der kuriosen Zeile »Schrei's oder knurr's, ich bleib auf Kurs«.

Refrain fehlt: Ein leises Summen zu Beginn jeder Strophe, von E-Dur geht es aufsteigend über A-Dur zu D-Dur und absteigend wieder über A-Dur zurück zu E-Dur – allerdings eine Oktave tiefer als zu Beginn (das sind die drei Akkorde, die Cash nach eigener Aussage fehlerfrei auf der Gitarre greifen kann). Der Song schließt mit dem ersten Vierzeiler, findet zyklisch zur Kernaussage zurück: »I keep a close watch on this heart of mine«. Gewiss ein Liebeslied, ein Lied über Treue, auch übertragen über die Treue zu Gott, über Kurshalten und Werte im Leben, für die es sich zu kämpfen lohnt. »Die Intonation und das verhaltene Ommm von Cashs Stimme am Anfang einer jeden Strophe sind ebenso eigentümlich wie unwiderstehlich – eine Mischung aus gregorianischem Gesang und buddhistischem Gebet, aber in einen Blaumann gepackt und einen Feldweg entlanggerollt«, heißt es in einem Artikel aus dem *Rolling Stone*. Mit »I Walk the Line« erreicht Cash 1956 erstmals ein Massenpublikum, der Song wird sein erster Nr. 1-Hit. Dass Cash dem Treueschwur in seinem vielleicht persönlichsten Song nicht gerecht wurde, steht auf einem anderen Blatt.

Der Sound von Johnny Cash: »Boom-chicka-boom«

Cashs Songs liegen irgendwo zwischen klassischer Countrymusik und dem aufblühenden Rock 'n' Roll, zu rebellisch für den alten Countrystil und doch in der Countrymusik à la Jimmie Rodgers, der Carter Family und von Hank Williams verwurzelt: Seinen vielleicht einzigen »echten« Rock 'n' Roll Song – »Rock 'n' Roll Ruby« (1956) – überlässt Cash seinem Sun-Kollegen Warren Smith. Die Band Johnny Cash and the Tennessee Two besteht nur aus drei Musikern, die blutige Anfänger sind: An der Rhythmusgitarre Cash, ein Vertreter mit Ambitionen, Radiosprecher zu werden, am Kontrabass mit Slap-Technik Marshall Grant und an der E-Gitarre Luther Perkins – beide hauptberuflich Automechaniker. Cashs Gesang steht klar im Mittelpunkt und bekommt in den Sun Studios einen charakteristischen Hall-Effekt. »Auf seinen Platten haben wir Johnnys Stimme hervorgehoben«, erzählt Phillips. »Die drei Instrumente ergänzen sie. Ich wollte nichts anderes haben, wollte nicht, dass irgendetwas von der beherrschenden Art und Weise ablenkte, die Johnny allein mit dem Klang seiner Stimme erzielte.« Schlagzeug ist bei Country noch verpönt. Cash imitiert daher die Snare Drum, indem er zwischen Saiten und Griffbrett seiner Gitarre einen Streifen Papier legt, der ein schnarrendes Geräusch erzeugt. Das muss reichen. Tatsächlich erzählt der Bassist Grant später, dass der Sound der Tennessee Two nicht aus mehreren Alternativen heraus entwickelt wurde, sondern dass dies das Einzige war, das die Jungs zustande brachten. Und genau diese spärliche Besetzung wird der Schlüssel zu dem Cash-Sound der frühen Jahre: Johnny Cash and the Tennessee Two ist im Grunde eine schnörkellose Rhythmus-Combo mit straffem Beat und einem Sänger mit ungewohnt tiefer, markanter Stimme. Alles reduziert und ohne die üblichen Countryverzierungen wie Pedal-Steel-Gitarre und Fiddle. Selbst Luther Perkins, der Mann an der Leadgitarre, nimmt sich zurück, spielt allenfalls kurze, an der Gesangsmelodie orientierte simple Soli, um dann wieder in eine Spieltechnik zurückzufallen, die den charakteristischen ›Boom Chicka Boom‹-Sound der Cash-Band unterstützt: Beim Spielen dämpft Perkins mit der rechten Hand die drei tiefen Saiten auf der Bridge seiner Fender Esquire, da er die Lautstärke nicht herunterregeln kann, und schlägt mit dem Plektrum ein rhythmisches Pattern mit Wechsel-Bass-Technik. Zusammen erzeugen die drei Bandmitglieder einen stampfenden, treibenden, schnarrenden, eigentlich sehr simplen, aber zündenden Rhythmus, der zu einer fahrenden Dampflokomotive passt.

In die Kategorie *train songs* fallen zwei weitere Titel aus der Sun-Zeit: »Train of Love« (ein Cash-Song von 1956) ist wieder ein Beispiel für den schnörkellosen, kraftvollen und staubtrockenen Sound von Cash und den Tennessee Two jener Jahre. Bob Dylan steuerte 1999 eine Version von »Train of Love« zu dem *All-Star Tribute to Johnny Cash* bei und bemerkte in seinem kurzen Intro, er habe diesen Song schon gespielt, als er selbst noch gar keinen Song aufgenommen hatte. Liebe und Sehnsucht mit Zugmetaphorik: »Trainman tell me maybe, ain't you got my baby / Every so often everybody's baby gets the urge to roam / But everybody's baby but mine's comin' home« – erneut ein von Schwermut getragener Song.

Während »Train of Love« später nicht mehr häufig auf der Setlist von Johnny-Cash-Konzerten stand, blieb mit dem Klassiker »Rock Island Line« ein weiterer *train song* im Live-Repertoire. Der Bluessänger Leadbelly war wohl der Erste, der den Song aufnahm, danach gab es zahlreiche Coverversionen, unter anderem von dem britischen Skiffle-Musiker Lonnie Donegan. In einer Live-Version aus dem Jahr 1975, aufgenommen im Londoner Palladium, zelebrieren Cash und Band zu Ehren von Donegan, der damals im Publikum saß, den langsam anrollenden Song über den schlitzohrigen Lokführer, der bei der Zollstelle die Unwahrheit sagt: Er gibt nämlich an, seine Ladung bestehe nur aus Vieh, das er nicht zu verzollen braucht. Als der Zug mächtig Fahrt aufnimmt, dreht sich der Lokführer noch einmal um und ruft: »Well I fooled you / I fooled You / I got pigiron / I got pigiron / I got all pigiron« – zollpflichtiges Roheisen. Im temporeichen Finale des Songs werden die Zeilen so schnell gesungen, dass man sich fast die Zunge bricht: »Well if you want to ride you got to ride it like you find it / Get your ticket at the station of the Rock Island Line«.

1960 stößt W. S. Holland (1935–2020) als Schlagzeuger zur Cash-Band, die sich dann, wenig einfallsreich, Johnny Cash and the Tennessee Three nennt. Zunächst entstehen weitere frühe Sun-Songs in der Standardbesetzung, etwa »Doin' My Time«, »Don't Make Me Go« oder »So Doggone Lonesome«.

Es bleibt nicht bei der spärlichen Besetzung. Sam Phillips will den Sound etwas voller klingen lassen, bei den Aufnahmesessions gesellen sich bereits Ende 1956 nach und nach Klavier, Schlagzeug und Hintergrundchöre dazu, vornehmlich die Gene Lowery Singers, die im Sun Studio immer abrufbar zur Verfügung stehen. Einige Songs werden später im Overdubbing-Verfahren bearbeitet. Phillips hat mit Jack Clement (1931–2013) einen fähigen, umtriebigen Tontechniker und Musiker an der Hand, der sich mit der festen Sun-Studioband der Lieder von Cash annimmt.

Das Ergebnis sind Songs, die auf den Pop-orientierten Markt abzielen und demzufolge aufwendiger produziert werden. Im Januar 1958 erscheint »Ballad of a Teenage Queen« aus der Feder von Jack Clement und mit ihm selbst an der Gitarre. Ein deutlicher Schritt in Richtung Pop-Charts, so ganz anders als der karge Cash-Sound der ersten Jahre. Falsch liegt Clement mit seinem Gespür nicht, denn die »Ballade« schafft es mühelos auf Platz 1 der Country-Charts und immerhin auf Platz 14 der Billboard Hot 100 im Bereich Pop. Die nachträglich hinzugefügten Stimmen der Gene Lowery Singers passen zwar irgendwie in das Arrangement, wirken aber auf Dauer doch anstrengend. Überhaupt ist dieser Song eine – machen wir uns nichts vor – furchtbare Schnulze: Ein hübsches Kleinstadt-Mädel, das von allen angehimmelt wird, liebt den Jungen von nebenan, erliegt dann aber den Verlockungen Hollywoods, verlässt den Jungen, kehrt später desillusioniert zurück in die Kleinstadt und stellt zu ihrer großen Freude fest, dass der Junge sie immer noch liebt: genug Identifikationsmöglichkeiten für Teenies in den 1950ern.

»Es war eine Flucht, mehr nicht. Als ich damit anfing, verschafften mir die Pillen ein gutes Gefühl. Jedes Mal, wenn ich sie nahm, fühlte ich mich gut. Dann nahm ich so viele davon, dass ich mich irgendwann nicht mehr gut fühlte. Ich war nur noch wach«

aus: C. S. Wren, *Johnny Cash. Winners Got Scars Too* (1974)

Jack Clement arbeitet über die Jahre hinweg immer wieder für Cash, ist aber stets für pompöse Arrangements bekannt – was den Alben nicht immer zum Vorteil gereicht. »Guess Things

Happen That Way«, ebenfalls geschrieben von Clement, klettert im Juni 1958 auf Platz 1 der Country-Charts und belegt Platz 11 der Pop-Charts. Und diesmal geben die Gene Lowery Singers dem Song mit ihrem »Ba-doo-ba-doo« richtig Drive.

Je erfolgreicher Cash wird, desto mehr Meilen legen er und seine Band zurück, um von einem Auftritt zum nächsten zu kommen. Ganz im Stil echter Rocker zerlegt die Band dabei Hotelzimmer und amüsiert sich mit selbstgebauten Feuerwerkskörpern. Ende der 1950er Jahre gibt Cash etwa 300 Shows im Jahr, ist also praktisch immer *on the road*. Um all den Anforderungen gerecht werden zu können, verlässt er sich bald auf die Wirkung von Amphetaminen, die ihn aufputschen – in der Musikszene nichts Ungewöhnliches; viele Kollegen halten sich mit Mitteln dieser Art wach, um leistungsfähig zu sein. Eine Weile geht das gut mit den »pep pills«, irgendwann jedoch ist er so aufgeputscht, dass er nach den Auftritten nicht mehr zur Ruhe kommt. Also wirft er zur Beruhigung Barbiturate ein. Er wird abhängig von dem Zeug, nimmt die Pillen unkontrolliert – harte Drogen kommen für ihn nicht infrage, doch auch die Mischung aus Amphetaminen und Barbituraten macht ihn auf Dauer fertig.

Allmählich leidet seine Ehe, auch unter dem Druck, den das Musikbusiness auf Cash ausübt. Er ist immer seltener zu Hause bei seiner Familie, verbringt kaum noch Zeit mit seinen Töchtern. Später bereut er es, dass er die Kinder nicht hat aufwachsen sehen.

Im Oktober 1957 erscheint die erste Johnny-Cash-LP bei Sun Records: *Johnny Cash With His Hot And Blue Guitar*, tatsächlich die erste LP überhaupt für Sam Phillips' Label. Noch ist der Musikmarkt ausgerichtet auf Singles für die Jukebox und die Radio-DJs. Die Sun-LP versammelt Cashs Hits und einige Coverversionen, die zwischen 1955 und 1957 aufgenommen worden waren.

Irgendwann muss in dem Sänger jedoch der Gedanke gereift sein, Sun Records den Rücken zu kehren und bei einem anderen, größeren Label anzuheuern, allerdings ist er zunächst noch vertraglich an seinen Entdecker gebunden. Manche meinen, Cash habe den Absprung gewagt, um später bei Columbia Records eigene Gospelalben verwirklichen zu können. Das mag zum Teil stimmen, realistischer ist aber, dass er bei einem großen Label unterm Strich mehr verdienen wollte, da er natürlich prozentual am Verkauf der Platten beteiligt war. Und vielleicht ist Cash auch nicht mehr ganz glücklich mit den Pop-orientierten Arrangements von Jack Clement. Schließlich wendet sich Sam Phillips verstärkt anderen Talenten zu, etwa Roy Orbison, allen voran aber Jerry Lee Lewis, der auf lange Sicht die Lücke füllen soll, die Elvis seit seinem Weggang von Sun-Records hinterlassen hat. Und tatsächlich heizt Lewis gegen Ende des Jahres 1957 mit Hits wie »Great Balls of Fire« mächtig ein.

Jedenfalls fühlt sich Cash nicht mehr ganz wohl bei Sun Records, hat womöglich den Eindruck, unfair behandelt zu werden. Es kommt zu Unstimmigkeiten, weil er nicht mit offenen Karten spielt und den Plattenboss über seine wahren Absichten im Unklaren lässt.

Nach Cashs Weggang von Sun Records veröffentlicht Phillips, ganz Geschäftsmann, weiterhin Titel, die Cash vor seinem Weggang noch brav für das alte Label eingespielt hat (sein Vertrag lief erst im Sommer 1958 aus). Phillips hat die Songs zurückgehalten, sie werden nachbearbeitet und über die folgenden Jahre in regelmäßigen Abständen veröffentlicht. Bis in die 70er Jahre hinein erscheinen Cash-LPs, die von Sun Records bzw. ab 1969 von der Sun International Corporation veröffentlicht wurden – denn das Label will von Cashs grandiosem Erfolg auch nach seinem Weggang so lange wie möglich profitieren.

Am 1. August 1958 unterschreibt Cash schließlich bei Columbia Records.

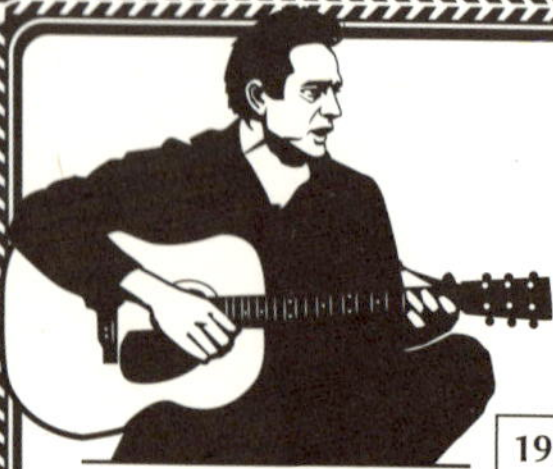

The Man — in Black —

1932 26. Februar: Geburt in Kingsland, Arkansas

1937 Flutkatastrophe am Mississippi (im Song »Five Feet High And Rising« nimmt Cash später Bezug auf die Erlebnisse)

1944 Cashs älterer Bruder Jack stirbt nach einem Arbeitsunfall

1950 Funkabhörspezialist bei der Air Force in Deutschland (Bayern), bis 1954

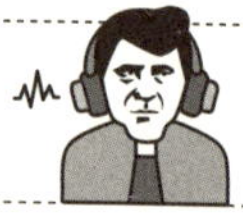

1954 7. August: Cash heiratet Vivian Liberto

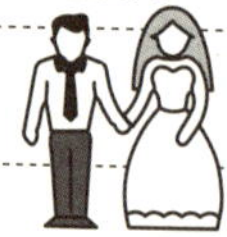

1955 21. Juni: Erste Sun-Single »Hey Porter« / »Cry Cry Cry«

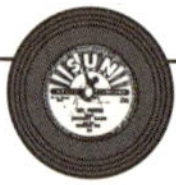

1956 »I Walk the Line« wird ein Riesenhit

1958 Wechsel zum Label Columbia Records; Cash wohnt mit Familie in Los Angeles

1963 »Ring of Fire« wird zum Crossover-Hit

1964 Auftritt Newport Folk Festival; Album *Bitter Tears*

1967 Hit »Jackson« im Duett mit June Carter; Cash erwirbt ein Anwesen am Old Hickory Lake, Nashville

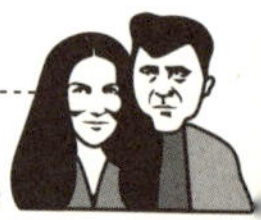

1968

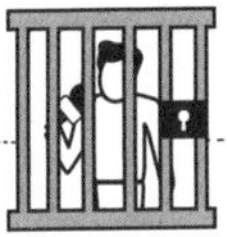

13. Januar: Konzert im Folsom State Prison; Scheidung von Vivian Liberto; **1. März:** Heirat mit June Carter

1969

24. Februar: Konzert im San Quentin State Prison; *The Johnny Cash Show* im TV

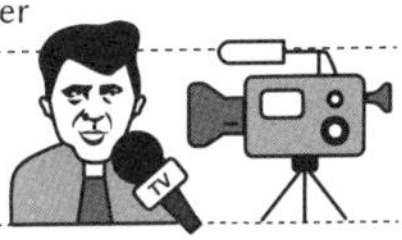

1971

Album *Man in Black*, Dreharbeiten zu *The Gospel Road*

1976

Nr. 1-Hit mit »One Piece at a Time«

1979

Album *Silver* (zum 25. Bühnenjubiläum)

1980

Aufnahme in die Country Music Hall of Fame

1983

Dezember Entzugstherapie im Betty Ford Center, Kalifornien

1986

Cash bei Mercury Records (bis 1991)

1992

Aufnahme in die Rock and Roll Hall of Fame

1993

Cash begegnet Rick Rubin

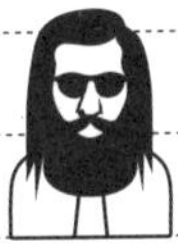

1994

26. April: Album *American Recordings*

1996

Auszeichnung Kennedy Center Honors

1997

schwere gesundheitliche Beeinträchtigungen

1999

6. April: All-Star Tribute Konzert in New York

2002

Album *American IV: The Man Comes Around* (Video zu »Hurt« 2011 unter den 30 besten Musikvideos aller Zeiten)

2003

15. Mai: June Carter Cash stirbt; **12. September:** Cash stirbt

Americana, Bob Dylan, Folk: Die ehrgeizigen Konzeptalben der 60er Jahre und die Tablettensucht

Cash hatte also bei Columbia unterschrieben und startete auf dem neuen Label erfolgreich. Ende des Jahres zieht er mit seiner Frau Vivian und inzwischen drei Töchtern nach Kalifornien. In Encino, Los Angeles, ganz in der Nähe von Hollywood, kauft er sich das Haus des Showmasters Johnny Carson. Er rechnet sich sogar Chancen in Hollywood aus, wo Elvis bereits die Kinoleinwand erobert hat. Und tatsächlich spielt Cash in einem Krimistreifen mit: In *Five Minutes to Live* (1961) mimt er einen Gangster (aus heutiger Sicht absolutes B-Movie-Niveau).

Der Wechsel des Plattenlabels hat direkte Auswirkungen: Cash tauscht die Kombination Memphis/Rockabilly gegen Nashville/Country-and-Western ein. Offenbar hat er Material für Alben zurückgehalten. Er steuert 1958 für die erste LP *The Fabulous Johnny Cash* eigene Lieder bei. Gleich fünf der ursprünglich insgesamt zwölf großartigen Titel stammen aus seiner Feder. Zum einen die Westernballade »Don't Take Your Guns to Town«, die als Single Platz 1 der Billboard Country-

Songs und immerhin Platz 32 in den Billboard Hot 100 erreicht. Zum anderen das Songjuwel »I Still Miss Someone«. Dieses Lied sollte fortan fest zur Set-List von Cashs Konzerten gehören und wurde u. a. von Emmylou Harris, Joan Baez, Linda Ronstadt oder Fairport Convention gecovert. Das Material für *The Fabulous Johnny Cash* wirkt wie aus einem Guss, es gibt, mit einer Ausnahme, nur zwei Studio-Sessions. Den Hintergrundgesang steuern nun The Jordanaires bei, die bei vielen von Elvis' Studioalben mitgewirkt hatten. Der Sun-Sound ist inzwischen etwas gezähmt, die Instrumentierung bleibt aber mit Perkins/E-Gitarre, Grant/Bass, Schlagzeug und Piano übersichtlich. Ab 1959 weiß Cash mit dem Rhythmusgitarristen Johnny Western einen verlässlichen Studiomusiker an seiner Seite.

Ebenfalls 1958 kann Cash endlich ein Gospel-Album verwirklichen, was bei Sun Records nicht möglich war. Auf *Hymns by Johnny Cash* (1959) finden sich neben traditionellen Gospelnummern wieder eigene Kompositionen.

Eine Weile steht Cash musikalisch eher in der Western Music-Ecke, bedient nicht in erster Linie das Genre Country. Mit der Moritat »Don't Take Your Guns to Town« liefert er eine klassische, düstere Westernballade über einen unerfahrenen jungen Mann, der trotz der Warnung seiner Mutter bewaffnet in die Stadt reitet, sich im Saloon mit den falschen Leuten anlegt und dann in seinem Blut liegt. Die Melodie hat Cash nach eigener Aussage von einer alten irischen Ballade übernommen.

Western Songs wie überhaupt das Genre des klassischen Westerns haben Ende der 50er Jahre Hochkonjunktur. Über die Bildschirme flimmern Serien wie *Have Gun – Will Travel* (1957–1963), *Bonanza* (1959–1973), *Gunsmoke* (1955–1975; dt.

Rauchende Colts), *Rawhide* (1959–1966; dt. *Tausend Meilen Staub*) oder *The Rebel* (1959–1961) – und auch Cash spielt den bekannten Song »Bonanza« ein. Unvergessen sind bis heute auch die Titelmelodien von Western wie »Do Not Forsake Me, O My Darlin'« aus *High Noon* mit Gary Cooper aus dem Jahr 1952, die Filmmusiken von Enno Morricone oder die sogenannten ›singing cowboys‹ der 1930er und 40er Jahre aus Hollywood wie Roy Rogers oder Gene Autry. Im VH1 Storytellers-Konzert mit Willie Nelson erzählt Cash von der »Fast draw craze«, der ›Schneller-ziehen-Mode‹: Ende der 1950er habe er immer vorm Fernseher gestanden und versucht, schneller zu ziehen als James Arness im Vorspann von *Gunsmoke*.

Gewusst?

Johnny Cash bewarb sich mit seinem Song »Thunderball« für den gleichnamigen James-Bond-Film aus dem Jahr 1965. Den Titelsong sang schließlich Tom Jones.

Das Konzept-Doppelalbum *Johnny Cash Sings the Ballads of the True West* von 1965 steht für diese Westernbegeisterung. Thematisch kreisen die Songs um die Erschließung des Westens, berüchtigte Revolverhelden, das Attentat auf Präsident James Garfield, den Bürgerkrieg oder zum Tode verurteilte Tunichtgute. Für sein Album lässt sich Cash von klassischen Balladen inspirieren. Er greift aber auch auf Material von bekannten Folk- und Countrysängern wie Ramblin' Jack Elliott, Merle Kilgore oder Tex Ritter zurück. Auf dem Plattencover schreibt er, er habe sich extra eine ganze Weile in offener Prärie aufgehalten, um das richtige Feeling für die Platte zu bekommen.

Für das Cover lässt er sich als finsteren Revolverhelden mit schief sitzendem Cowboyhut ablichten.

Cash veröffentlicht in der Folge einige gelungene Konzeptalben, Alben also, die um einen bestimmten Themenbereich kreisen. Noch sind zu Beginn der 1960er Single-Hits ausschlaggebend, kaum jemand hält ein Konzeptalbum für erfolgversprechend: Cash betritt Neuland.

Gelegentlich sind die Songs auf den themenspezifischen Alben mit erzählerischen Passagen verknüpft. In *Ride This Train* (1960) fungiert Cash als Erzähler und leitet die einzelnen Lieder ein, von denen wieder ein paar aus seiner Feder stammen. Das Album ist ein ›Travelogue‹: Als Hörer reist man unter dem Eindruck von Zuggeräuschen mit den einzelnen Songs durch die Weiten der Vereinigten Staaten – zu den Kohlenminen in Kentucky (»Loading Coal«), zu den Holzfällercamps in Oregon (»Lumberjack«), zu den Baumwollfeldern im Süden (»Boss Jack«) oder auch zu den Kettensträflingen: Den Titel »Going to Memphis« hat Cash neu arrangiert, er fand ihn ursprünglich auf Alan Lomax' Sammlung *Blues in the Mississippi Night* – vielleicht der stärkste und eindrucksvollste Titel des Albums. Bei *Ride This Train* geht der Blick zurück in die Geschichte der USA. Bereits hier widmet Cash den Native People seine Aufmerksamkeit. Im Hörspiel-Erzähler-Part betont er, wie sehr ihn das Schicksal der Indianer berühre, ehe er dann in einer Art Sprechgesang einzelne Indianerstämme aufzählt. Mit den Native People sollte sich Cash später noch ausführlicher beschäftigen.

Mit *Blood, Sweat and Tears* aus dem Jahr 1963 folgt ein weiteres Konzeptalbum rund um das harte Leben des »Working Man« – erstaunlich ist besonders der von Cash und June Carter komponierte Titel »The Legend of John Henry's Hammer« mit

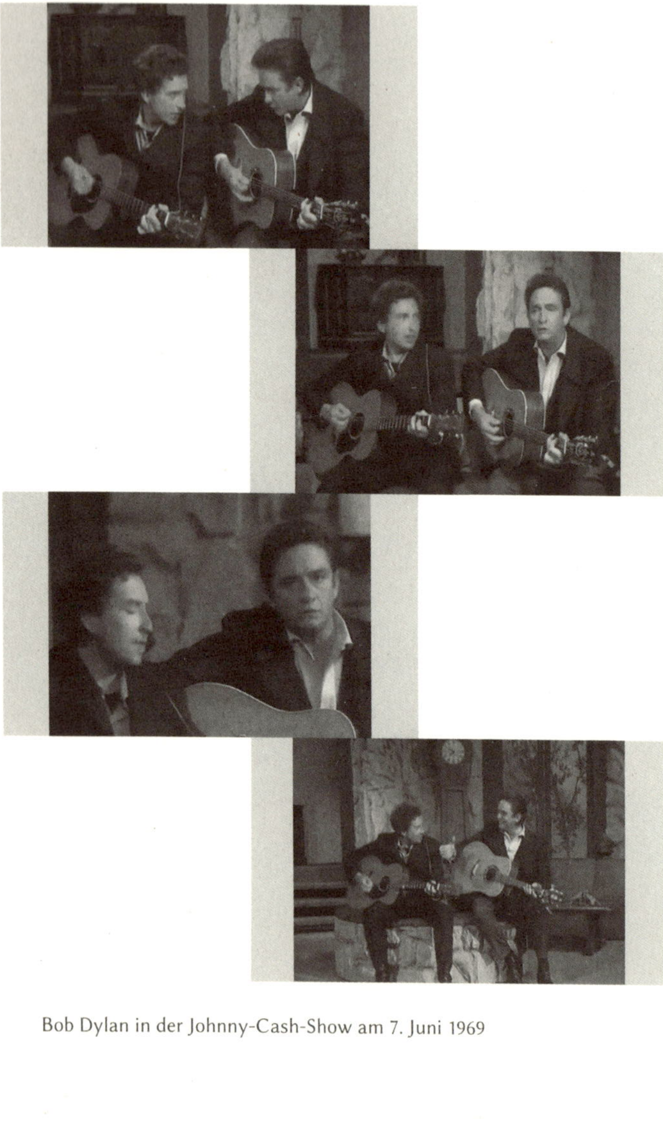

Bob Dylan in der Johnny-Cash-Show am 7. Juni 1969

der für damalige Hörgewohnheiten geradezu absurden Länge von acht Minuten. Songs dieser Länge würde man später eigentlich mit Psychedelic Rock, mit Bands wie Deep Purple oder Pink Floyd oder den nicht enden wollenden Gitarrensoli von Eric Clapton verbinden.

Irgendwann verselbständigt sich der Titel *Ride This Train* im Cash-Repertoire, wird auf Jahre Bestandteil seiner Bühnenshows: Cash liebt es, ein etwa zehnminütiges Medley aus Liedern rund um die Eisenbahn zu spielen, das er mit »Come along and ride this train« einleitet.

Um das Jahr 1963 beschäftigt sich Cash zunehmend mit Folk Music, er hört Bob Dylans zweites Album *The Freewheelin' Bob Dylan* rauf und runter, kann sich für das Talent des jungen Kollegen begeistern. Eine Weile sucht er die Nähe von Künstlern im New Yorker Viertel Greenwich Village, lernt Joan Baez, Ed McCurdy, Ramblin' Jack Elliott und Bob Dylan persönlich kennen.

Dylan und Cash, in den 1960ern zwei große Namen bei Columbia Records, ziehen im Musikbusiness wie zwei Planeten ihre Kreise – einmal, Anfang 1969, ist die Konjunktion so günstig, dass die beiden gemeinsam Aufnahmen im Studio machen. Zwei Giganten treffen aufeinander: Dylan, die Folk-Ikone aus dem Norden, und Cash, der Top Countrystar aus den Südstaaten, und doch ist beiden klar, dass sie musikalisch auf das gleiche Liedgut zurückgreifen: auf American Folk Music, auf Sänger wie die Folk-Legende Woody Guthrie oder die Countrylegenden Jimmie Rodgers und Hank Williams.

Dylan und Cash kennen sich schon länger. Sie sind sich im Gaslight Café im Künstlerviertel Greenwich Village in New York begegnet, haben einander per Brief auf dem Laufenden gehalten. Beide treten 1964 beim Newport Folk Festival auf.

Dylan, knapp zehn Jahre jünger als Cash, hat sich vor dem Beginn der eigenen Karriere für die frühen Sun-Aufnahmen von Cash begeistert. Im Sommer 1956 hörte er »I Walk the Line« im Radio und spielte Cashs »Train of Love«, ehe er selbst Songs aufnahm. »I keep a close watch on this heart of mine. Allerdings. Ich habe mir diesen Text wohl eine Million Mal aufgesagt«, schreibt Dylan in den *Chronicles*. »Johnnys Stimme war so groß, dass die Welt neben ihr zusammenschrumpfte, ungewöhnlich tief [...] Auch ich versuchte, mit weit offenen Augen durch die Welt zu gehen.« 1965 war Dylan »elektrisch« geworden, ist nicht mehr Protestsänger, sondern Rockmusiker, was bei Folkpuristen auf Ablehnung stößt. Schon vor diesem revolutionären Einschnitt hatte Cash Dylan gegen dessen Kritiker verteidigt und in einem öffentlichen Brief geschrieben: »Haltet das Maul und lasst ihn singen!«

Cash, selbst ein guter Songschreiber, bewundert neidlos die Qualität des Liedguts auf Dylans Album *The Freewheelin' Bob Dylan* (1963). Sehr bald nimmt er einige Songs des jungen Sängers auf und nennt Dylan »den größten Songschreiber aller Zeiten«, etwa während des legendären San Quentin-Konzerts. Als Nachruf auf Cash meinte Dylan einmal altersweise: »Er war und ist der Polarstern, du konntest deinen Kurs nach ihm ausrichten.«

Anfang 1969 nimmt Dylan für sein Album *Nashville Skyline* Songs auf – natürlich in Nashville. Bei einer der Sessions schaut Cash vorbei, und so entstehen die Aufnahmen, die als *Dylan/Cash-Sessions* lange nur als Bootleg existieren: Sie wählen etliche Standards aus dem Cash-Songbuch, Klassiker von Dylan, zwei Melodien von Jimmie Rodgers sowie frühe Rockabilly Hits wie Presleys »That's All Right« oder Carl Perkins' »Matchbox« aus. Beide Künstler waren jedoch offenbar der Meinung,

Besonders beeindruckt muss Cash von Dylans »Don't Think Twice It's All Right« gewesen sein: Er covert es nicht nur für *Orange Blossom Special*, er schreibt darüber hinaus einen eigenen, in den Country-Charts erfolgreichen Song: »Understand Your Man« erinnert nicht nur musikalisch stark an Dylans Lied. Der Text haut in dieselbe Kerbe, mit seiner »Verdammt-ich-hab'-die-Schnauze-voll-von-dir-Frau-und-hau-ab!«-Attitüde.

dass die Versionen zu dünn für eine endgültige Veröffentlichung waren. Nur Dylans Song »Girl from the North Country« im Duett mit Cash landet schließlich auf dem Album *Nashville Skyline*, für das Cash die Liner Notes schreibt. Auf der Cash-DVD *The Man, His World, His Music* sieht man die beiden im Tonstudio; die Atmosphäre ist entspannt, beide amüsieren sich prächtig – und recht erstaunlich: Dylan singt nach überstandenem Motorradunfall mit ungewohnt klarer, fast knabenhaft-heller Tenorstimme …

Anfang der 1960er kann es sich Cash leisten, dicke Konzeptalben auf den Markt zu werfen, da er mit seinen Songs oben in den Charts mitmischt. Zwar stand zu befürchten, dass die Plattenbosse ihm nicht auf Dauer grünes Licht für derartige dann doch kommerziell wenig erfolgreiche Projekte geben würden, doch als Cash 1963 mit »Ring of Fire« einen Millionenhit landet, kann ihm Columbia Records weitere ehrgeizige Konzeptalben nicht verwehren.

Mit *Bitter Tears: Ballads of the American Indian*, dem Bekenntnis, die US-Regierung habe jeden Vertrag mit den Ureinwohnern des amerikanischen Kontinents gebrochen und diese systematisch unterdrückt, setzt Cash 1964 erstmals ein deutliches politisches Zeichen, zu einer Zeit, als die Rassenkonflikte in den USA sich verschärfen und der Krieg in Vietnam stärker ins Bewusstsein der Menschen rückt. Durchaus ungewöhnlich für einen gestandenen Countrysänger. Die LP entstand größtenteils bei zwei Studiosessions Ende Juni 1964. Mit »The Ballad of Ira Hayes« setzt er einem Pima-Indianer ein Denkmal, der bei der Schlacht von Iwo Jima im Zweiten Weltkrieg mit fünf anderen Marines die Flagge auf der Pazifikinsel hisste – heute als Foto und Denkmal eine Ikone.

Die Ballade über Ira Hayes stammt aus der Feder von Peter La Farge, den Cash in New York kennengelernt hat. La Farge gehört zum Kreis von Folksängern im Greenwich Village, kennt Künstler wie Pete Seeger, Bob Dylan oder Dave Van Ronk. Der historische Ira Hayes verfiel nach dem Krieg im Reservat der Pima dem Alkohol und wurde eines Morgens tot in einem Wassergraben gefunden: »Call him drunken Ira Hayes / But his land is just as dry / And his ghost is lying thirsty / In the ditch where Ira died.«

»Teenager-Girls und Beatles-Plattenkäufer wollen die traurige Geschichte von Ira Hayes nicht hören [...] »Ballad of Ira Hayes« ist starke Medizin. Genauso wie Rochester – Harlem – Birmingham und Vietnam [...] ich musste mich wehren, als mir klar wurde, dass viele Countrysender Angst vor »Ira Hayes« haben. Nur eine Frage: WARUM???«

Cash auf einer selbstbezahlten Werbeseite im Magazin *Billboard*

Der Song über Ira Hayes bildet das Zentrum der im Oktober 1964 erscheinenden LP. Bereits zuvor war im Juli »The Ballad of

Cash singt Deutsch /
Cash-Songs mit deutschen Texten

Cash singt Deutsch, Session Oktober 1959:

»Viel zu Spät« (»I Got Stripes«),
»Wo ist zu Hause, Mama?« (»Five Feet High and Rising«).

Cash singt Deutsch, Session Juni 1965:

»Wer kennt den Weg?« (zur Melodie von »I Walk the Line«),
»In Virgina« (K. Götz und P. Kaegbein),
»Kleine Rosemarie« (K. Götz und G. Loose),
»Besser so, Jenny Joe« (K. Hertha und J. Burgner).

Coverversionen von Cash-Songs mit deutschen Texten:

1959: Udo Jürgens »Leg die Knarre weg«, zur Melodie von »Don't Take Your Guns to Town«,
1971: Howard Carpendale »Heiß wie Feuer«, zur Melodie von »Ring of Fire«,
2003: Gunter Gabriel »Ich bleib auf Kurs« zur Melodie von »I Walk the Line«.

Ira Hayes« unabhängig vom Album als Single erschienen. Als Cash merkt, dass der für Countrymusik unübliche Titel weitestgehend ignoriert wird, investiert er im August in eine ganzseitige Anzeige im *Billboard Magazine.* Er beschuldigt die DJs, sie hätten nicht den Mumm, einen Song wie diesen zu spielen. Der Song sei doch beim Newport Folk Festival gut angekommen. Vielleicht hatte aber neben dem brisanten Inhalt auch genau diese Tatsache die Countrymusik-Sender gestört, dass sich nämlich einer der bekannten Countrysänger in der Folkbewegung tummelt. Als die Anzeige erscheint, wird die Ballade bereits als Single vertrieben und schafft es letzten Endes trotz aller Widrigkeiten auf Platz 3 der Country-Charts.

Das fertige Album wird im *Billboard Magazine* nicht besprochen, und auch Columbia Records legt sich nicht sonderlich ins Zeug, die LP zu promoten. Bei namhaften Musikkritikern ist *Bitter Tears* hingegen nicht auf taube Ohren gestoßen. Das Album wird gelobt und im Zuge des Folk-Revivals in einem Atemzug mit Platten von Joan Baez, Pete Seeger, Bob Dylan oder Simon & Garfunkel genannt und schafft es trotz einiger Boykotts auf Platz 2 der Country-Album-Charts. Auch Jahre nach *Bitter Tears* hat sich Cash, ähnlich wie Marlon Brando, für die Sache der Native People eingesetzt. So gab er Benefizkonzerte in einzelnen Reservaten, so auch 1968 im Pine Ridge Reservat der Sioux, in dem der geschichtsträchtige Ort Wounded Knee liegt – dort wurde 1890 ein Massaker an Indianern angerichtet. Cash schrieb nach dem Besuch des Reservats den Song »Big Foot«, in dem er an das Geschehen erinnerte: »One side called it a ›massacre‹, / The other a ›victory‹, / But the white flag is still waving / Today at Wounded Knee.«

Für viele sind die 1960er Jahre Cashs kreativste Phase, abgesehen vielleicht vom Spätwerk auf Rick Rubins Label. Doch wurde im Verlauf der 60er Jahre immer offensichtlicher, wie stark Cash drogenabhängig geworden war.

Die Pillen haben letzten Endes eine fatale Wirkung auf Cashs Fähigkeit, sich selbst einzuschätzen. Sie putschen ihn zwar für das jeweilige Konzert auf, hinterlassen aber ihre Spuren. Im Mai 1962 tritt er in der Carnegie Hall auf, hat jedoch keine Stimme mehr. Die Show sollte aufgezeichnet werden, der Manager lässt die Aufnahme-Bänder nicht laufen. 1965 spielt er in der Grand Ole Opry, demoliert in seinem aufgeputschten Zustand mit dem Mikrophonständer die Bühnenbeleuchtung und erhält daraufhin Hausverbot – in den Heiligen Hallen der Countrymusik. Nicht nur mit sich selbst geht er fahrlässig um: Ebenfalls 1965 fackelt er einen Teil des Los Padres National Forest ab. Entweder hat er mit seinem Gaskocher nicht richtig aufgepasst, oder sein Campingmobil hat eine defekte Ölleitung: Das auslaufende Öl setzt bei der Hitze das trockene Gras in Brand. Es gibt unterschiedliche Versionen dieser Episode – später muss er für den Schaden aufkommen und wird von den Behörden zur Kasse gebeten. Im selben Jahr wird er in El Paso festgenommen, weil er Unmengen von Amphetaminen und Barbituraten aus Juárez, Mexiko, über die Grenze schmuggeln wollte, die er teilweise im Resonanzkörper der Gitarre versteckt hat, und wieder einmal muss ihn sein Management raushauen. Das Foto geht durch die Presse: Cash mit Sonnenbrille, flankiert von zwei Beamten. 1966 sind Cash und June Carter in Pete Seegers Folk Music-Show *Rainbow Quest* zu Gast: Der hagere Cash ist ungemein nervös, wirkt fahrig und zerstreut, kann nicht ruhig sitzen bleiben, singt schließlich zur Gitarre, stiert dabei aber ziemlich angestrengt vor sich hin.

1967 erwirbt Cash eine Villa in Hendersonville, Tennessee, direkt am Old Hickory Lake gelegen, allerdings ist sie noch nicht bezugsfertig. In der Zwischenzeit kommt er bei den Eltern von June unter, denn vor allem Maybelle Carter hat für ihn immer eine offene Tür. Eine Weile lebt er mit Waylon Jennings in einer 2er-WG in Madison, auf halbem Weg zwischen Hendersonville und Nashville. Jennings, einst Bassist bei Buddy Holly, hat wie Cash Suchtprobleme. Später scherzen die beiden über die Junggesellenbude und Cashs Kochkünste:

Zum Glück lebt June Carter zur selben Zeit mit ihren Töchtern um die Ecke und kommt häufig herüber, um aufzuräumen und abzuspülen – nach der Trennung von ihrem zweiten Mann auch sie ziemlich orientierungslos.

Im November 1967 wacht Cash in einer Ausnüchterungszelle in LaFayette, Georgia, auf und weiß nicht, wie er dorthin gekommen ist. Er wiegt mit seinen knapp 1,90 m Körpergröße nur noch 70 kg, sieht abgehärmt aus. Der Sheriff redet ihm am nächsten Morgen ins Gewissen: Ob er vorhabe, sich mit all den Pillen umzubringen?

Eines Tages fährt Cash unter Einfluss von Tabletten auf dem Gelände seines Anwesens mit einem Trecker halb in den Hickory Lake, der Trecker kippt um, Cash fällt in den See und wird gerade noch von seinem Nachbarn aus dem Wasser gezogen. Andere sagen, der Nachbar habe Cash wenige Schritte vom umgestürzten Trecker zitternd in der Kälte vorgefunden: Cash soll, halb durchgefroren und am Ende seiner Kräfte, einen Baum umklammert haben.

In seiner Autobiografie erzählt Cash, er habe im selben Jahr ein spirituelles Erlebnis in der Nickajack-Höhle, Tennessee, gehabt: Er geht in die Höhle, verirrt sich, legt sich zum Sterben hin, bis ihn eine göttliche Kraft wieder ins Leben zurückholt. Enge Freunde von Cash bezweifeln, dass sich das ›Höhlenerlebnis‹ in dieser Form abgespielt hat, zumal die Nickajack Cave zu dieser Zeit bereits unter Wasser gestanden haben soll. Wie auch immer: Seine Vision wird für ihn wie die Ausnüchterungszelle oder die Standpauke des Sheriffs in LaFayette zum Weckruf. Cash weiß, dass er sich ändern muss, vor allem, um nicht auch noch June zu verlieren.

Nach der Episode mit dem Trecker auf dem eigenen Grundstück wird Cash von June, einigen Freunden und seiner zu-

Ein Haus und sein Schicksal:
die Villa in Hendersonville

John Carter verkauft das Haus der Eltern an Barry Gibb von den Bee Gees; 2007 brennt es ab. Das Gebäude soll zu einer Suchtklinik umfunktioniert werden.

künftigen Schwiegermutter umsorgt. Ein Arzt und Psychiater rät ihm dringend, die Notbremse zu ziehen: Cash macht über Tage einen kalten Entzug, geht durch die Hölle und schafft es, von den Pillen loszukommen – zumindest für eine Weile.

Doch scheint er sich in eine Sackgasse hineinmanövriert zu haben, und zwar sowohl künstlerisch als auch privat. Columbia Records gibt nicht mehr viel auf diesen tablettensüchtigen, abgemagerten Sänger, der so unberechenbar geworden ist, dass man in der Chefetage befürchtet, die Hits würden bald ausbleiben.

Johnny und June: »Ein feuriger Ring« und eine »scharfe Chilischote«

Valerie June Carter, Jahrgang 1929, ist viele Jahre im Showgeschäft tätig, bevor sie Cash kennenlernt. Schon mit zehn Jahren tritt sie mit der legendären Carter Family auf, ab 1943 gehört sie zur zweiten Generation der legendären Gesangsgruppe, die sich Mother Maybelle and the Carter Sisters nennt. In dieser Konstellation ist June des Öfteren im Radio zu hören. Gesanglich nicht ganz so stark wie ihre Schwestern Helen und Anita, brilliert June stattdessen in verschiedenen komödiantischen Einlagen, wenn sie etwa als ›Aunt Polly‹ in die Rolle eines Clowns schlüpft, eine Rolle, die zu ihrem Temperament passt. Später nimmt sie eine Weile Schauspielunterricht in New York, ist von 1952 bis 1956 mit dem Honky-Tonk-Sänger Carl Smith und in zweiter Ehe von 1957 bis 1966 mit Edwin Nix verheiratet, einem ehemaligen Football-Spieler und Polizeibeamten. Mit einiger Sicherheit dürfte Cash seine spätere Frau schon als Junge im Radio gehört haben, wenn sie im Showprogramm der berühmten Carter Family auftrat. 1955/56 begegnet er ihr dann backstage in der Grand Ole Opry und – Legende oder Wahrheit? – will bereits zu diesem Zeitpunkt gewusst haben, dass er June eines Tages heiraten würde.

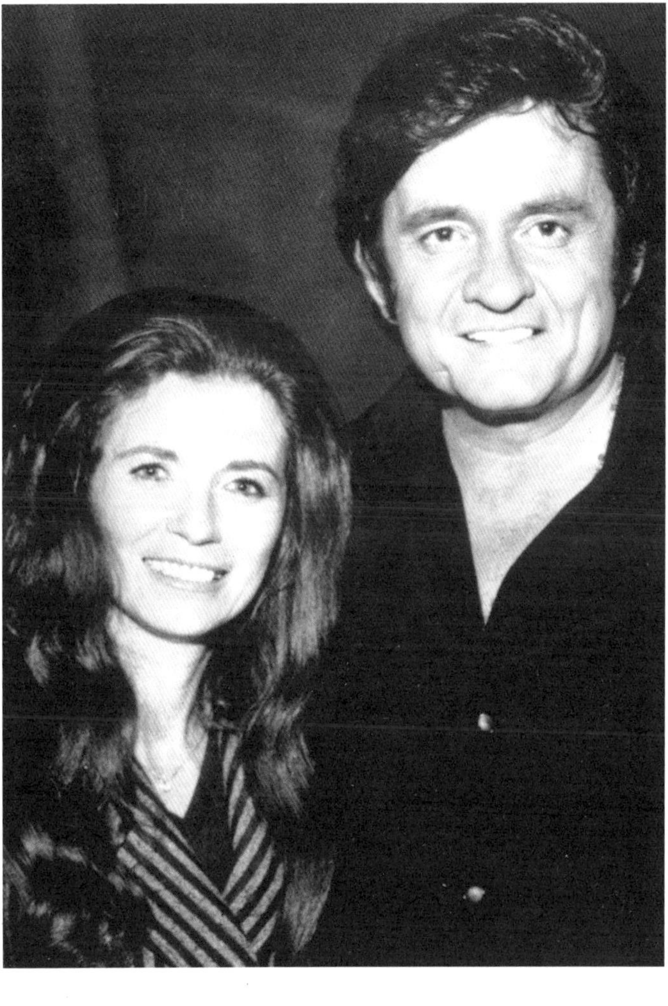

June Carter und Johnny Cash

1962 schreibt June zusammen mit Merle Kilgore und ihrer Schwester Anita an einem Lied, das später als »Ring of Fire« in die Musikgeschichte eingehen soll. Zunächst lautet der Titel allerdings »(Love's) Ring of Fire«, da der Rockabilly Duane Eddy bereits ein Gitarreninstrumental »Ring of Fire« im Programm hat.

Die Carter-Family: eine Dynastie der Countrymusik

Die ursprüngliche Carter Family bestand aus Alvin P. Carter (Gesang), seiner Ehefrau Sara (Gesang, Gitarre) und seiner Schwägerin Maybelle (Gesang, Gitarre). Infolge der Trennung von Alvin und Sara löste sich die ursprüngliche Formation auf.
›Mother‹ Maybelle führt die Familientradition fort und musiziert mit ihren Töchtern Anita, June und Helen: wieder als Carter Family. Anfang der 60er Jahre tourt die Gruppe mit Johnny and the Tennessee Three und ist auf vielen Studioaufnahmen und Livekonzerten als Chor zu hören.

Seit 1961 tritt June in Johnny Cashs Show auf, geht zusammen mit ihm und der Band auf Tournee, im Background singt die Carter Family. Das Lied über die flammende, verzehrende Leidenschaft der Liebe spiegelt die schwierige Situation wider, in der June und Johnny sich zu Beginn der 1960er Jahre befinden: Sie haben sich längst ineinander verliebt. Da aber beide verheiratet sind und im Fall von Cash nicht abzusehen ist, wann und ob seine katholisch erzogene Frau Vivian bereit ist, in eine Scheidung einzuwilligen, »brennt« die Liebe vorerst ohne einen »feurigen« Ehering: »Love is a burning thing, and it makes

Johnny Cash YouTube Statistics

1. »Hurt« (Official Music Video) – 130 058 519 Klicks
2. »God's Gonna Cut You Down« (Official Music Video) – 112 885 776 Klicks
3. »Highwayman« (mit den Highwaymen) – 38 578 806 Klicks
4. »She Used to Love Me a Lot« – 11 831 921 Klicks
5. A Boy Named Sue« (Live at San Quentin) – 9 996 344 Klicks

Stand: 10/21; Quelle: kworb.net

a fiery ring. Bound by wild desire, I fell into a ring of fire«; die Flammen lodern hoch, und das ist im Grunde auch schon der gesamte Text, wiederholt werden nur noch das aufsteigende »burns, burns, burns« und »down, down, down, and the flames went higher.«

Doch nimmt zunächst nicht Cash den Song auf, sondern Junes Schwester Anita. Im November 1962 erscheint ihr Album *Folk Songs Old and New*, mit dem noch weichgespülten, glasklar intonierten »Love's Ring of Fire«. Cash weiß von dem Song und will ihn unbedingt selbst aufnehmen. In letzter Zeit ist ihm kein großer Hit mehr für Columbia gelungen. Ob Cash die Idee mit den schmetternden Trompeten im mexikanischen Mariachi-Stil nun im Traum gekommen ist (oder er schon die Posaunen der Apokalypse hört), wird immer ungeklärt bleiben. Auf jeden Fall ist dieser Mariachi-Trompeten-Sound völlig untypisch für Country. Die Produzenten sind zunächst skeptisch, doch schließlich übernimmt Jack Clement, den Cash noch aus seiner Zeit bei Sun-Records kennt, das Arrangement.

Klassische Cash-Songs –
genial gecovert von anderen Künstlern:

- Folsom Prison Blues –
  Jerry Lee Lewis (*Rock & Roll Time*, 2014)
- Ring of Fire –
  Ray Charles (*Love Country Style*, 1970)
- Train of Love –
  Bob Dylan (Tribute Album *Kindred Spirits*, 2002)
- Give My Love to Rose –
  Bruce Springsteen (Tribute Album *Kindred Spirits*, 2002)
- I Still Miss Someone –
  Linda Ronstadt (*Linda Ronstadt*, 1972)

Mit »Ring of Fire« macht June ihrem Johnny ein besonderes Geschenk und verschafft ihm einen gehörigen Karriereschub. Die Single erscheint im April 1963 und erreicht im Sommer die Spitzenposition der Country-Charts, von der sie sieben Wochen lang nicht verdrängt wird: Endlich wieder ein Millionseller für Cash. In den US Pop-Charts klettert der Titel immerhin bis auf Platz 17.

Columbia Records reagiert sofort. Recht hastig stellt man aus Single-Beständen der zurückliegenden Jahre eine ›Best of‹ zusammen, die im selben Jahr unter dem Titel *Ring of Fire: The Best of Johnny Cash* erscheint. In den neu ins Leben gerufenen Hot Country-Album-Charts landet die Platte gleich auf Platz 1 und wird Cashs erstes Album mit Goldstatus.

Seither ist »Ring of Fire« Cashs weltweit bekanntester Song, er wird neben »I Walk the Line« und »Folsom Prison Blues« zu seinem Markenzeichen. Es gibt zahlreiche Coverver-

Cover-Versionen anderer Künstler von Cash-Songs

- Folsom Prison Blues (454 Künstler)
- Ring of Fire (294 Künstler)
- Big River (127 Künstler)
- I Walk the Line (82 Künstler)
- I Still Miss Someone (75 Künstler)
- Get Rhythm (40 Künstler)

Quelle: Setlist.fm

sionen von »Ring of Fire«, etwa von Ray Charles, Olivia Newton-John, Grace Jones oder Elvis Costello. Im März 2006 startete das Musical *Ring of Fire* über Cashs Musik am Broadway, das man seit 2019 auf deutschen Bühnen sehen kann.

Jackson

»Schärfer als eine Chilischote«: Johnny und June schreiben in den 60ern gemeinsam Songs, die Johnny entweder allein oder im Duett mit ihr aufnimmt. Neben »It Ain't Me Babe« von Dylan ist das Gesangsduo Johnny & June 1967 sehr erfolgreich mit dem Lied »Jackson«, das Platz 2 der Country-Charts erreicht und beiden im darauffolgenden Jahr einen Grammy einbringt (Nancy Sinatra und Lee Hazlewood nehmen Monate später eine ebenfalls erfolgreiche Version auf). In »Jackson« geht es um ein verheiratetes Paar, das leider feststellen muss, dass das Feuer nicht mehr so lodert, obwohl sie doch einst »in einem Fieber heirateten, das schärfer als eine Chilischote war« – »hotter than an pepper sprout«. Fortan beschließen beide, die Stadt Jackson aufzusuchen, in der die Partner miteinander wetteifern, wer besser ins dortige Nachtleben passt. Die vorzüglich eingespielte Studioversion wandelt Cash ein Jahr später mit June im Konzert im Folsom-Gefängnis in eine schnellere, packende Version – unter dem Jubel der Gefangenen. Gemeinsam nehmen Johnny und June zwei Alben auf, *Carryin On with Johnny Cash & June Carter* (1967), mit Coverversionen von Ray-Charles-Titeln, sowie *Johnny Cash and His Woman* (1973).

Johnny und June sind nicht nur beruflich miteinander verbunden. Am 1. März 1968, kurz nach dem Folsom-Konzert, heiraten sie nach Jahren wilder Ehe. Die Scheidung von Vivian wird letzten Endes rechtskräftig, Cashs erste Frau ist aufgrund der ausgehandelten Bedingungen finanziell gut abgesichert. June hat sich bereits 1966 von ihrem zweiten Ehemann scheiden lassen – der Weg ist frei für das spätere Traumpaar der Countrymusik – für lange Zeit: Kris Kristofferson wird das Paar 1992 anlässlich des Jubiläumskonzerts für Bob Dylan mit den Worten ankündigen: »Here is the First Family of Country Music – June Carter and Johnny Cash«.

1970 kommt der gemeinsame Sohn John Carter zur Welt. Zusammen mit allen Kindern aus den früheren Ehen bringen es Johnny und June auf sechs Töchter und einen Sohn und auf entsprechend viele einander abwechselnde Schwiegersöhne, wie Cash es bei einigen Auftritten in den 80ern und 90ern augenzwinkernd formuliert.

Nach außen und im Showgeschäft gelten die beiden also als perfektes Paar, das künstlerisch harmoniert – June die treusorgende Ehefrau, die ein wenig hinter ihrem Mann zurücksteht, Johnny als Patriarch eines größer werdenden Cash-Carter-Clans. Das eigentliche Eheleben der Privatleute June Carter

Cash und Johnny Cash dürfte abseits des Rampenlichts um einiges profaner gewesen sein – und sich nicht groß von den Ehen anderer Prominenter unterschieden haben: Erst in späteren Jahren werden die außerehelichen Affären von Cash publik. Die Affäre mit Junes Schwester Anita kommt offiziell erst 2003 ans Licht, als alle Beteiligten schon nicht mehr leben.

Bis heute hält sich hartnäckig die Version, June Carter sei es in den späten 1960ern gelungen, ihren späteren Ehemann schließlich ganz von den Drogen loszubekommen (befeuert wird dies etwa durch das so erfolgreiche Biopic *Walk the Line* mit Joaquin Phoenix in der Titelrolle, denn der Film bricht exakt in dem Moment ab, in dem sich die beiden gefunden haben und Cashs Tablettensucht besiegt ist, als habe es später niemals Probleme gegeben).

Auch wenn Cashs Bassist Marshall Grant sagt, Cash sei beflügelt von der Ehe mit June und der Geburt des gemeinsamen Sohns Anfang der 70er für einige Zeit clean gewesen, so darf nicht verschwiegen werden, dass Cash immer wieder rückfällig wird. Besonders in den 1980er Jahren konsumiert er wieder unkontrolliert Schmerzmittel und andere Pillen und gefährdet nicht nur viele seiner Konzertauftritte, sondern eben auch sein Privatleben. Und bereits Ende der 70er und offenbar erneut Anfang der 80er zieht June ernsthaft in Erwägung, die Scheidung einzureichen. Cash kommt einfach nicht von den Tabletten los, und spätestens in den 80ern greift auch June Carter zu Tabletten, wie John Carter Cash in der Biografie über seine Mutter schonungslos offenlegt.

Doch schwelende Differenzen gibt es auf einem anderen Level. June beklagt sich immer öfter, künstlerisch hinter ihrem Mann zurückstehen zu müssen. Gern hätte sie auf den Cash-Konzerten mehr Raum für ihre eigenen Songs gehabt –

stammt sie doch aus der berühmten Carter-Family-Dynastie. Doch wollen die Fans auf der Bühne nun einmal in erster Linie den ›Man in Black‹ in Aktion erleben, wollen die großen Hits hören, und June muss sich mit relativ kurzen Einlagen zufriedengeben. Vielleicht daher der wehmütige Blick zurück in ihrem Lied »I Used to be Somebody«: »Well I used to be somebody / Lord I used to have a friend / I'd like to be somebody again.« Dass sie eine gute Musikerin und Songschreiberin ist, stellt sie u. a. mit ihren eigenen Alben *Appalachian Pride* von 1975 und *Press On* aus dem Jahr 1999 unter Beweis – auf Letzterem steuert Johnny bereits von Krankheit gezeichnet den Hintergrundgesang bei. Im September 2003 erscheint postum ihr Album *Wildwood Flower* mit eigenen Songs und Evergreens der Carter Family.

June Carter ist auch nach den 70er Jahren auf Cash-Platten im Duett mit ihrem Mann zu hören, etwa auf *Water From the Wells of Home* (1988) bei dem Song »Where Did We Go Right« oder auf *Johnny 99* (1983) bei »Brand New Dance« von Paul Kennerley, ein sehr persönliches Porträt ihrer gemeinsamen Ehejahre, wenn es heißt: »What's in our hearts maybe we should part but after so many years / That would only bring loneliness, sorrow and tears and anyway.« – und natürlich mit einem versöhnlichen, in die Zukunft gerichteten Refrain: »So let's try again, we'll start a brand new dance between old friends.«

Trotz der Aufs und Abs der Ehe bleiben die beiden Künstler dennoch zusammen, bis der Tod sie scheidet. In den letzten gemeinsamen Jahren rücken sie, aus Sicht der Kinder, auch emotional wieder enger zusammen, ertragen die Todesfälle in der Familie mit Gottvertrauen: Im Sommer 1998 stirbt Junes Schwester Helen, ein Jahr später Anita. Cash weiß inzwischen,

»worin das Geheimnis einer langen Ehe liege«: »Getrennte Badezimmer!«, lautet seine launige, prompte Antwort. Und Langmut ist wichtig: In mehreren Interviews, aber auch in seiner zweiten Autobiografie, merkt er lakonisch an, June habe »den Schwarzgurt im Shoppen« – June Carter war berüchtigt für ihre ausufernden Shoppingtouren, auch während der Konzertreisen.

Im Johnny Cash Tribute-Konzert (1999 in New York) singt June Carter noch einmal unplugged ihr so berühmt gewordenes Lied »Ring of Fire«, das im selben Jahr auch auf ihrem Album *Press On* zu hören ist. June begleitet sich selbst auf der Autoharp (einer auf einen offenen Akkord gestimmten Kastenzither), Marty Stuart spielt Gitarre, eine Violine rundet die Darbietung ab. June leitet den Song mit der Beobachtung ein: »Ich habe den Song so oft von Johnny Cash gehört, dass ich kaum dazu gekommen bin, ihn selbst zu singen. Der Song reicht in die Zeit zurück, als ich mich in Johnny Cash verliebte, und das war etwas gewagt, weil es in den frühen Jahren war … und er war zu jener Zeit ziemlich angsteinflößend« – und hat damit die Lacher im Publikum auf ihrer Seite. Sie schließt die Einleitung zu dem Song mit den Worten: »Aber ich hatte ein wundervolles Leben mit ihm […], ich möchte diesen Song heute Abend mit Liebe im Herzen für den Mann singen, den ich liebe.«

Als June schließlich am 15. Mai 2003 starb, blieb Johnny seine Arbeit im Studio mit Rubin. Er selbst verstirbt im Herbst desselben Jahres. Zwischen diesen beiden Menschen muss eine Seelenverwandtschaft bestanden haben, die sich den Außenstehenden in ihrem gemeinsamen musikalischen Vermächtnis ansatzweise erschließt.

Die Gefängnisalben

Ende 1967 hat Cash dem übermäßigen Pillenkonsum abgeschworen und blickt in eine ungewisse Zukunft. Sein Vertrag bei Columbia Records geht nur bis 1969, Cash weiß also, dass er Neues liefern muss, auch wenn er in diesem Jahr noch mit zwei Songs oben in den Charts vertreten ist. Die Idee, ein Album in einem Gefängnis aufzunehmen, geistert schon länger durch seinen Kopf. Schließlich wendet er sich an den Produzenten bei Columbia, Bob Johnston, der schon Alben für Dylan und Simon & Garfunkel produziert hat. In der Chefetage bei Columbia reagiert man eher verhalten. Cash ist zwar schon öfter in San Quentin und in Folsom aufgetreten, aufgenommen wurde allerdings nichts. Außerdem gab es schon einmal Pläne für ein Live-Album, nämlich für einen Auftritt in der Carnegie Hall, doch an jenem Abend hatte Cash wie erwähnt keine Stimme. Dennoch nehmen die Verantwortlichen Kontakt zum Folsom State Prison, Kalifornien, auf. Man vereinbart eine Show für den 13. Januar 1968, die in der Cafeteria des Gefängniskomplexes aufgenommen werden soll.

Vorsichtshalber werden zwei Shows eingeplant, für den Fall, dass das Material bei nur einem Auftritt nicht den Ansprüchen genügen sollte. Im Vorfeld überlegt Cash, welche

Songs er vor den Insassen spielen könnte – der »Folsom Prison Blues«, sein alter Hit von 1955, ist natürlich gesetzt. Doch Cash verzichtet auf Hits wie »I Walk the Line« oder »Ring of Fire« und setzt stattdessen auf Titel, die vom Genre eher zur Knast-Atmosphäre passen. Keine Heile-Welt-Songs und Schnulzen, sondern Lieder rund um Gefangenschaft, Suizid, Mord, Schuld und Sühne. Gleich zwei Lieder thematisieren Hinrichtungen, das morbid-skurrile »25 Minutes to Go« von Cashs Westernalbum – ein makaberer Countdown bis zum Tod am Strick – und die Ballade über »Joe Bean«, der an seinem Geburtstag hängen muss. Cash und die Band proben Tage zuvor im El Rancho Motel in Sacramento. Bei einer Probe schaut der Gouverneur Kaliforniens Ronald Reagan vorbei. Im Verlauf der Vorbereitungen übergibt der Gefängnispastor Cash ein Papier mit einem Song, den ein Insasse geschrieben hat, und auch dieses Lied wird für die Show eingeplant.

Am Tag des großen Auftritts steht Cash unter Strom. Laut Grant scheint er zu Pillen gegriffen zu haben, um fit zu sein. Aber zunächst stimmen Carl Perkins und die Statler Brothers das spezielle Publikum auf die kommende Show ein, ehe Cash selbst die Bühne betritt. Im Vorfeld hat man ihm geraten, wie er sich vorstellen soll, doch tritt er einfach ans Mikro und sagt: »Hello, I'm Johnny Cash.« Dies sollte zu seinem Markenzeichen werden. Unmittelbar danach setzt das Gitarrenintro zum »Folsom Prison Blues« ein – vielleicht bis heute die beste Live-Version. Ohne Pause folgt das Ich-bin-am Ende-Lied »Busted«, das man vor allem in der Version von Ray Charles kennt.

Bis auf wenige Ausnahmen sollte Produzent Bob Johnston alle Songs der ersten Show verwenden, da Cash und die Band energiegeladen alles gegeben hatten und bei der zweiten Vorführung insgesamt die Luft raus war. Cashs Stimme kippt mitunter. Er legt sich aber so mächtig ins Zeug, dass er die schweren Jungs schnell auf seiner Seite hat, zumal er ihnen Songs vorträgt, mit denen sie sich identifizieren können. Als er sich für eine kurze Unterbrechung in einem Song entschuldigt, betont er, die Show werde aufgezeichnet und man könne ja nicht »verdammt« und »Scheiße« sagen. Die Jungs jubeln, und Cash fügt hinzu, das Fluchen werde bestimmt nicht veröffentlicht: Der Produzent lässt alles drin, wie auch die aggressive Zeile »I can't forget the day I shot that bad bitch down« aus dem »Cocaine Blues«. Nicht nur Zwischenrufe der Häftlinge werden auf dem Album veröffentlicht, auch das metallische Scheppern der Türen oder Durchsagen der Gefängnisleitung (als Rudolph Sandoval 1974 aus Folsom entlassen wird, verklagt er das Plattenlabel, da sein Name als Durchsage auf *Johnny Cash At Folsom Prison* verewigt wurde, denn er fühlte sich in seinen Persönlichkeitsrechten verletzt).

Nicht erst ab Mitte der 1990er setzt sich Cash nur mit seiner Gitarre vor das Publikum und gibt ein Akustik-Medley, darunter skurril-komische Songs, um die Stimmung ein wenig aufzuhellen. Sein Konzept geht auf, die Insassen feiern ihn. Vor allem jubeln sie June Carter zu, die zusammen mit Cash eine wirklich knackige Version von »Jackson« hinlegt. Schließlich kündigt Cash nach dem Tom Jones-Hit »Green, Green Grass of Home« mit den Statler Brothers im Hintergrund jenen Song an, den ein Insasse in Folsom Prison geschrieben hat: »I hope we do your song justice, Glen«, hallt es über die PA-Anlage durch die Cafeteria, ehe das Gitarrenintro in den bluesigen Song »Greystone Chapel« überleitet – einen gospelartigen Song über die Kapelle auf dem Gefängnisgelände: »Inside the walls of prison my body may be / But my Lord has set my soul free / There's a greystone chapel here at Folsom / A house of worship in this den of sin / You wouldn't think that God had a place here at Folsom / But he saved the souls of many lost men.« Die Reaktion des Publikums ist überwältigend, Cash schüttelt dem Verfasser des Songs, Glen Sherley, der in der ersten Reihe sitzt, die Hand (und auch diese Szene hält der Rockmusik-Fotograf Jim Marshall fest).

Jetzt muss das neue Album (in der ursprünglichen Fassung mit 16 Titeln) nur noch richtig vermarktet werden. Man setzt auf die Country-Charts, schielt jedoch auf den sehr viel lukrativeren Popmarkt. Columbia investiert überregional in Anzeigen, die u. a. im noch ganz jungen *Rolling Stone* oder in *The Village Voice* in New York erscheinen.

Und es funktioniert. Gleich in mehreren auflagenstarken Magazinen und Zeitungen wie der *Los Angeles Times*, *Cosmopolitan* oder dem *Time-Magazine* wird das Album positiv besprochen. Der Mitbegründer des *Rolling Stone* Jann Wenner betont in einem Artikel, wie bedeutsam Johnny Cash in einem Rock 'n' Roll Kontext sei. Die *New York Times* beschreibt Cash als »den ersten zornigen und couragierten Verfechter sozialer Anliegen«. Und noch 2018, 50 Jahre nach dem legendären Konzert, konstatiert der deutsche *Spiegel*: »Eine Wahnsinnsplatte, das heutige Äquivalent wäre eine Gangsta-Rap-Scheibe, die bei den Grammy-Awards alles abräumt.«

Die Live-Single »Folsom Prison Blues« erscheint vorab im April 1968, das fertige Album *Johnny Cash At Folsom Prison* folgt im Mai. Die Single erreicht die Spitzenposition der Country-Single-Charts und Position 32 der Billboard Hot 100. Kuriosität am Rande: Nach der Ermordung Robert Kennedys in Los Angeles am 6. Juni 1968 wird Cashs »Folsom Prison Blues« zwar noch im Radio gespielt, allerdings ohne die Strophe mit »I shot a man in Reno, just to watch him die«.

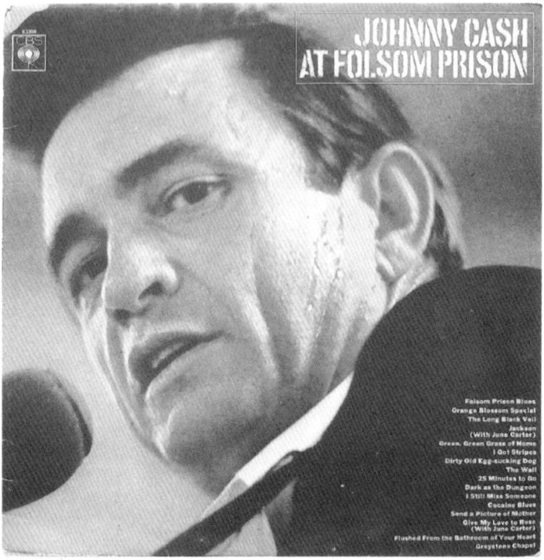

Das erste der berühmten Gefängnisalben, veröffentlicht im Mai 1968

Die LP schafft es bis an die Spitze der Country-Charts und bis auf Platz 13 der Pop-Charts, kann sich dort über Wochen halten und wird bereits im Oktober mit Gold bzw. für 500 000 verkaufte Exemplare ausgezeichnet. Im Verlauf der Jahrzehnte verkauft sie sich millionenfach.

Cash hat es also geschafft, alles auf eine Karte gesetzt und gewonnen. *At Folsom Prison* gibt seiner Karriere einen riesigen Schub, sein späterer Status ist ohne dieses Live-Album nicht denkbar.

Bis zum zweiten großen, heute berühmten Live-Auftritt in San Quentin sollte noch über ein Jahr vergehen. Ein ereignisreiches Jahr für den Musiker: Am 1. März heiratet er June Carter. Im Sommer reisen die beiden nach Israel, da Cash ein Gospel-Album im Kopf hat, für das er eine authentische Geräuschkulisse aus dem Heiligen Land braucht. Das Album heißt dann auch passend *The Holy Land.* Die LP bleibt wenig erfolgreich, doch ist es bezeichnend, dass Cash wiederholt den Erfolg der Vorgängeralben ausnutzen kann, um seine Gospel-Projekte zu verwirklichen.

Im August stirbt Cashs Gitarrist und Freund Luther Perkins; offenbar ist er mit brennender Zigarette eingeschlafen und stirbt später im Krankenhaus an seinen schweren Verletzungen. Cash ist erschüttert. Bei der Grammy-Verleihung für *At Folsom Prison* widmet er den Preis für die Album Notes seinem alten Weggefährten. Ab September 1968 stößt Gitarrist Bob Wootton zu den Tennessee Three.

Ein Jahr später: Die Songs für *Johnny Cash At San Quentin* werden am 24. Februar 1969 im Speisesaal des San Quentin State Prison aufgezeichnet, die LP mit nur zehn Titeln erscheint im Sommer (während der Aufnahmen entsteht das berühmte Stinkefinger-Foto; ungeklärt ist, über wen Cash sich damals so aufregte). Im Gegensatz zu Folsom ist San Quentin mit seinen Schwerverbrechern der härtere Knast, ist berüchtigt für Bandenkriminalität. Der englische Fernsehsender Granada Television filmt die Show. Cash eröffnet seinen Auftritt mit »Big River«, hat viele seiner großen Hits im Gepäck und singt erneut zwei Titel mit seiner Frau June. Diesmal gibt es gleich mehrere Gospel-Nummern, im Background unterstützt von der Carter Family und den Statler Brothers. Insgesamt ist Cash bei dieser Live-Aufnahme besser bei Stimme, er plaudert locker und cool, interagiert lässig mit den Männern, macht Scherze – »Ist das Wasser hier mies?« –, kurzum: Es dauert nicht lange, und die Insassen sind Feuer und Flamme. Zumal Cash mit »Starkville City Jail« eine amüsante Akustik-Ballade vorträgt: Es geht um einen Mann (ihn selbst?), der zur nächtlichen Sperrstunde wegen unerlaubten Blumenpflückens festgenommen wird und eine Nacht hinter Gittern verbringen muss. Nicht von ungefähr baut er in den Song »Wanted Man« bei der Aufzählung der Fluchtorte geschickt El Paso und Juárez ein – dort wurde er Jahre zuvor wegen Drogenbesitzes festgenommen.

Der eigentliche Höhepunkt ist jedoch der Song »San Quentin«, den er extra für diesen Auftritt geschrieben hat. Spätestens mit der Zeile »San Quentin, may you rot and burn in hell« hat Cash den Nerv seines Publikums getroffen. Nach dem Riesenjubel im Speisesaal, der fast in einen Tumult ausartet, muss er den Song wiederholen.

Es gibt aber noch ein Highlight, das im Vorfeld niemand – nicht einmal Cash – als solches erkannt haben dürfte. Wenige Tage vor dem Konzert überfliegt er den Text eines Songs, den Shel Silverstein geschrieben hat, seines Zeichens Autor und Cartoonist: »A Boy Named Sue« schildert das harte Leben eines Mannes, der von seinem Vater, kurz bevor der auf immer seine Familie verlässt, den Mädchennamen Sue verpasst bekommen hat und jahrelang darunter leiden muss. Ein Leben lang sucht er seinen Vater, findet ihn und will ihn umbringen, doch versöhnen sich beide, nachdem der Vater nach hartem Kampf erklärt: »So I gave you that name / And I said goodbye / I knew you'd have to get tough or die / And it's that name that helped / To make you strong.«

Cash hatte den komisch-skurrilen Text für den Song, den June ihm so ans Herz gelegt hatte, nicht mehr auswendig lernen können und las ihn im Sitzen vom Blatt ab. Das Lied wird im Stil eines Talking Blues vorgetragen, die Musiker, allen voran Carl Perkins an der Gitarre, versuchen am Ball zu bleiben, reagieren flexibel auf den an einigen Stellen heftig improvisierenden Cash und geraten nur wenig ins Stolpern. Die Insassen können sich für die lustige Story rund um Sue und anscheinend auch für die ungewöhnliche Vortragsweise begeistern. Kaum zu glauben: »A Boy Named Sue« mit den spontanen Publikumsreaktionen wird zu Cashs größtem Crossover-Hit überhaupt. Der hohe Pfeifton, mit dem die Worte »son of a bitch« auf der LP zensiert werden, erringt Kultstatus. Mit dem immer noch erfolgreichen *At Folsom Prison* im Rücken stürmt *At San Quentin* auf Platz 1 der Country-Charts und auf Platz 1 der Pop-Album-Charts. Wieder klingeln die Kassen.

Mit den beiden Gefängnisalben und der TV-Show für ABC überschreitet Johnny Cash die unsichtbaren Grenzen zwischen Country, Pop und Rock, er wird zum internationalen Star. Gegen Ende der 60er hätte wohl kein Countrysänger ein derart vielschichtiges Massenpublikum erreichen können. Mit seinem düsteren Image ebnet Cash innerhalb der Countrymusik den Weg für die sogenannte »Outlaw-Bewegung« der 70er, die Waylon Jennings und Willie Nelson beherrschen werden. Ohnehin überwindet in dieser Zeit Countrymusik musikalische Grenzen. Etliche Künstler bewegen sich zu dieser Zeit in Richtung Country-Rock, wie etwa The Byrds mit ihrem Album *Sweetheart Of The Rodeo* (1968), The Band mit *Music from Big Pink* (1968) oder die Formation Buffalo Springfield mit Neil Young. Kris Kristofferson tritt ab 1969 stärker ins Rampenlicht, Ray Charles nimmt mit *Love Country Style* (1970) eine weitere Countryplatte auf. 1972 feiern die Eagles ihr Country-Rock-Debüt mit dem gleichnamigen Album *Eagles*, und ab 1973 werden Lynyrd Skynyrd definieren, was Southern Rock ist.

Cash tritt noch einige Jahre in verschiedenen Gefängnissen auf. Ein weiteres Live-Album, *På Österåker* (auch veröffentlicht als *Inside A Swedish Prison*) wird 1972 in einem Gefängnis bei Stockholm aufgezeichnet. Cash singt einige Titel, die er nie im Studio aufgenommen hat, so etwa Kristoffersons »Me and Bobby McGee« (den seinerzeit Janis Joplin zum Welt-Hit gemacht hatte), den eigenen, sehr eingängigen Song »Jacob Green« über einen Häftling, der sich in der Zelle das Leben nimmt, oder einen Song seines Schützlings Glen Sherley, »Looking Back in Anger«. Die Cash-Band, unterstützt von Carl Perkins und Larry Butler am Klavier, zeigt sich in Hochform, z. B. bei dem mitreißenden »Orleans Parish Prison«, geschrieben von Dick Feller (heute bekannt unter dem Namen Deena Kaye Rose). Das Album wurde 2007 wiederveröffentlicht und bietet das vollständige Konzert mit insgesamt 24 Titeln; in seinem Song »San Quentin« ersetzt Cash, zur Freude der Insassen, den ursprünglichen Namen durch »Osteråker«.

A Flower out of Place ist ein Konzertmitschnitt aus dem Jahr 1974 aus dem Tennessee State Prison (das Live-Album erschien kurz nach Cashs Tod 2003 als CD unter dem Titel *A Concert Behind Prison Walls* und zusätzlich als DVD). Cash lädt hier, wie zuvor in seiner TV-Show, einige Gäste ein: Countrymusik-Liebling Roy Clark gibt den Klassiker »Roll in My Sweet Baby's Arms« zum Besten, und Linda Ronstadt singt den Eagles-Song »Desperado«, den Cash selbst erst auf seinem letzten Album zu Lebzeiten aufnehmen sollte. In dieser Show tritt auch Glen Sherley selbst auf, der in Folsom einsaß und »Greystone Chapel« geschrieben hat. Nach seiner Entlassung nahm Sherley, unterstützt von Cash, eigene Platten auf und trat ab und zu in Cashs Konzerten auf, konnte aber nach seiner frühen Begnadigung (auch auf Betreiben Cashs) im Leben außerhalb der Gefängnismauern nie richtig Fuß fassen. Als er sich 1978 das Leben nimmt, ist Cash tief betroffen. In den Jahren nach

Auszeichnungen für die Gefängnisalben

Die Country Music Association (CMA Awards) wählt *Johnny Cash at San Quentin* 1969 zum Album des Jahres. Cash wird außerdem zum Entertainer des Jahres und besten Sänger gewählt, »A Boy named Sue« wird beste Single des Jahres. Schon 1968 erhielt das Album *At Folsom Prison* einen Grammy für die »Best Album Notes«, 1969 gibt es noch einmal einen Grammy für die Best Album Notes, diesmal für Dylans *Nashville Skyline*.

dem Erfolg der Gefängnisalben setzt sich Johnny Cash wiederholt für eine Reform des Strafrechts ein und äußert sich öffentlich zu Missständen in amerikanischen Strafanstalten. »Wenn wir bessere Menschen aus den Gefangenen machen«, so Cash einmal, »wird es weniger Verbrechen auf den Straßen geben. Dann werden unsere Familien sicherer sein, wenn diese Menschen aus den Gefängnissen entlassen werden.«

Der internationale Durchbruch: Der Man in Black taucht auf

Nach dem immensen Erfolg der beiden Gefängnisalben sollte eigentlich alles, was Johnny Cash berührt, zu Gold werden – im wahrsten Sinne des Wortes. Das Album *Hello, I'm Johnny Cash* (1970) wird mit Gold ausgezeichnet. Es erreicht Platz 1 der Country-Charts, mischt oben in den Pop-Charts mit und gilt bis heute als eines seiner besten Studioalben. Für das Duett »If I Were a Carpenter« erhalten June Carter und ihr Mann einen Grammy. Mit dem vielleicht besten »Was-hab-ich-heute-Morgen-für-einen-Kater!«-Lied »Sunday Morning Coming Down« aus der Feder von Kris Kristofferson schafft es Cash erneut in den Country-Charts bis ganz nach oben. Ebenso erfolgreich wird 1971 das Album *Man in Black*, auf dem er ein paar politische Statements abgibt: In gleich zwei Songs nimmt er Bezug auf den Vietnamkrieg. In »Singin' in Viet Nam Talkin' Blues« beschreibt er einen Besuch bei den US-Truppen auf dem Stützpunkt Long Binh in Vietnam und all die Ängste, die er und June während eines feindlichen Beschusses ausgestanden hatten. Die Kritik am Krieg hätte sicher deutlicher ausfallen können, aber die letzten Zeilen lassen keinen Zweifel an Cashs Haltung zu: »I hope there's none of our boys there for me to sing for / I hope this war is over with / And they all come back home / To stay in peace.«

Das andere Lied mit Bezug auf Vietnam ist »Man in Black«, jener Protestsong, mit dem Johnny Cash sich selbst das düstere Image als Mann in Schwarz als Zeichen der Trauer und des Widerstands gegen jede Schönfärberei verpasst. In diesem Lied macht er auf einige gesellschaftliche Missstände aufmerksam, stellt sich auf die Seite der Ausgegrenzten, der Underdogs, der Junkies und all derjenigen, die im Krieg sterben mussten, er ist derjenige, der versucht »to carry off a little darkness on my back«, mit dem Schluss: »Till things are brighter / I'm the Man in Black«. Ob das auch ein kleiner Seitenhieb auf Elvis sein sollte, der seit 1969 in Las Vegas im weißen Glitzeranzug auf der Bühne agiert, sei dahingestellt. Bereits zur Sun-Zeit traten Cash und seine Bandkollegen oft in Schwarz auf, aus dem einfachen Grund, weil sie nichts anderes hatten und weil Schwarz eben ordentlich aussieht – wie zum Kirchgang, so Cash. Spätestens seit dem Album *Man in Black* erscheint er nun vorzugsweise in schwarzer Kluft auf der Bühne.

Natürlich wird dieses Image gepflegt. Anfang der 70er spielt Cash auf einer schwarzen Martin D-35, die als erste Gitarre der Firma eigens für ihn in Schwarz angefertigt wurde. In dem atmosphärischen Storytellers-Konzert mit Willie Nelson, das 1998 Rubin produzierte, bringt er es noch einmal auf den Punkt. Nelson sagt fast wehmütig, als er auf ihre Getränke schaut: »Heiße Schokolade, mit nichts drin. Was wird aus unserem Image?« Darauf Cash, brummend: »Solange wir Schwarz tragen, ist wohl alles in Ordnung.«

Anfang der 1970er Jahre ist auch privat für ihn vieles wieder im Lot. Er hat June Carter geheiratet, hat den unkontrollierten Pillenkonsum eingedämmt. Am 3. März 1970 kommt der gemeinsame Sohn John Carter zur Welt, der schon als kleiner Junge bei vielen Welttourneen seiner Eltern dabei ist. Cash wird zum Familienmenschen. Er kümmert sich um seinen Sohn und wird nun zu einem Vater, den seine vier Töchter aus erster Ehe in dieser Form nicht erlebt haben: Der Sänger erwirbt für sich und seine Familie ein Haus auf Jamaica: Cinnamon Hill, ein Plantagen-Anwesen aus dem 18. Jahrhundert. Das Anwesen wird sein Refugium, sein Rückzugsort nach langen Tourneen. Ebenfalls Anfang der 70er Jahre kauft er ein stattliches Haus in Hendersonville, das er fortan als Aufnahmestudio ganz in der Nähe seines Wohnhauses nutzen will; einige Jahre später eröffnet in diesem Haus ein Museum rund um den Sänger, das ›House of Cash‹.

Die Jahre 1968 bis 1972/73 werden Cashs kommerziell erfolgreichste Phase. Dem bislang auf nationaler Ebene bekannten Countrysänger ist der internationale Durchbruch gelungen – er wird zum gefeierten Superstar. Cash verkauft in jenem Jahr in den USA mehr Platten als die Beatles und ist so bekannt wie Muhammad Ali. Übrigens begegnen sich der legendäre Boxer und der Sänger einmal: Ali vermacht ihm ein Gedicht mit dem Titel »Truth«. Cash verwahrt es über Jahre, ehe er aus den Zeilen mit spärlicher Instrumentierung einen Gospelsong macht.

Noch im Jahr des erfolgreichen Albums *At San Quentin* bekommt Cash das Angebot für eine eigene Fernsehshow beim Sender ABC. Aufgezeichnet werden die Folgen im Ryman Auditorium in Nashville, aus der anfänglich das berühmte Radioprogramm *Grand Ole Opry Show* live gesendet worden war, bevor die Grand Ole Opry 1974 in einen eigenen, größeren Konzertsaal umzog. Die erste Show flimmert am 7. Juni 1969 über die Bildschirme, zu den Gästen gehören u. a. Bob Dylan und Joni Mitchell. Insgesamt werden zwei Staffeln mit 58 Folgen produziert, die letzte Folge läuft am 31. März 1971.

Die *Johnny Cash Show* ist auch heute noch durchaus bemerkenswert, da Cash immer wieder Gäste einlud, die in einer Sendung mit klassischer Countrymusik üblicherweise nicht aufgetreten wären, etwa Bob Dylan, Joni Mitchell, Louis Armstrong, Neil Young, Eric Clapton (als Derek and the Dominos), James Taylor, Arlo Guthrie, Liza Minnelli, Stevie Wonder, Gordon Lightfoot, Ray Charles, Mahalia Jackson, Linda Ronstadt, Credence Clearwater Revival, The Guess Who, Jerry Lee Lewis, Roy Orbison, Waylon Jennings, Kris Kristofferson und viele andere Größen aus den Bereichen Pop und Rock.

Cash hatte eine gewisse Freiheit, selbst über die Auswahl der Gäste zu bestimmen. So bestand er etwa darauf, den Protestsänger Pete Seeger einzuladen, der aufgrund seiner politischen Gesinnung und seines Anti-Vietnam-Songs »Waist Deep in the Big Muddy« nicht sonderlich gelitten war. Bemerkenswert auch Cashs Beharrlichkeit, das Wort »stoned« in Kristoffersons Lied »Sunday Morning Coming Down« zu behalten, obwohl die Produzenten ihm geraten haben, es durch das verharmlosende »home« zu ersetzen.

Eine Folge von Cashs Show wurde 1971 vor Studenten auf dem Campus der Vanderbilt University in Nashville aufgezeichnet. Neil Young singt seinen Heroin-Song »The Needle and the Damage Done«, während Cash noch einmal seinen Super-Hit »A Boy Named Sue« zum Besten gibt. Es folgt sein neuster Song »Man in Black«, und bei der Zeile »each week we lose a hundred fine young men« klatschen die jungen Leute, nach der Darbietung erntet Cash Standing Ovations.

Cash schert sich um keine Bedenken: Mit Mahalia Jackson, Stevie Wonder, Louis Armstrong und Ray Charles sind mindestens vier schwarze Künstler zu Gast in der *Johnny Cash Show*, und es dürfte 1970 keineswegs unproblematisch gewesen sein, wenn sich ein weißer Countrysänger neben einem schwarzen Jazz- und Soulmusiker auf die Klavierbank setzt. Doch Cash plaudert mit Ray Charles und gratuliert ihm zum 40. Geburtstag. Damit nicht genug, bedankt er sich im Namen der Country Music Association bei seinem Gast, da Charles auf seine Weise dazu beigetragen habe, Countrymusik weltweit bekannt zu machen – eine Anspielung auf Rays Album *Modern Sounds in Country and Western Music* aus dem Jahr 1962. Ray bedankt sich mit einem kurzen Ausflug in »I Walk the Line«, ehe er eine sensationelle Interpretation von »Ring of Fire« liefert.

Spätestens mit der landesweit ausgestrahlten *Johnny Cash Show* wird Cash endgültig zur Ikone. Für die Show ist er tadellos frisiert und wirkt mit weißem Rüschenhemd unter schwarzem Jackett wie ein galanter ›Southern Gentleman‹. Trotz dieser Gesetztheit erreicht er mit der Auswahl der Gäste auch ein jüngeres, rockorientiertes Publikum. Und Cash singt mit »What is Truth« einen weiteren Protestsong. Nachdem er sich mit seiner Musik für Native People, Arbeiter und Strafgefangene stark gemacht hat, schlägt sich der fast vierzigjährige Sänger mit diesem Song auf die Seite der Jugend, der Hippies, der gesellschaftlich Entwurzelten. Das Lied erscheint nur als Single, hätte aber thematisch gut auf das Album *Man in Black* gepasst. »What is Truth« ist eine nachdenkliche Anspielung auf Pilatus' Frage im *Johannesevangelium* bei Jesu Verurteilung und wird ein Crossover-Hit.

Am 17. April 1970 spielt Cash den Song im Weißen Haus vor illustren Gästen und dem Präsidenten. Nixon soll Cash im Vorfeld gebeten haben, zwei Lieder für ihn zu spielen: »Welfare Cadillac« von Guy Drake, eine satirische Nummer über einen Sozialhilfeempfänger, der sich trotz allem einen teuren Wagen leistet (Nixons Wunsch wurde von einigen scharf kritisiert), und »Okie from Muskogee«, ein gegen die Hippie-Kultur gerichteter Song. Cash soll sich geweigert haben, diese Titel zu spielen. Das mag wieder ein Puzzleteil aus der Legendenbildung rund um den ›Man in Black‹ sein. Es stimmt zwar,

Johnny Cash vor der Kamera (Auswahl)

- 1961 als Gangster in *5 Minutes to Live* (*Noch fünf Minuten zu leben*)
- 1971 als alternder Revolverheld in *A Gunfight* (*Rivalen des Todes*, auch *Duell in Mexico*)
- 1974 in der Columbo-Folge *Swan Song* (*Schwanengesang*, dritte Staffel, siebter Film)
- 1976 als Gauner in der Folge *The Collection* (*Der Mann des Himmels*) aus der Serie *Little House on the Prairie* (*Unsere Kleine Farm*; dt. 1981, dritte Staffel, erste Folge)
- 1981 als Jesse Hallam in *The Pride of Jesse Hallam* (*Der Analphabet*)
- 1983 als Sheriff Lamar Potts in dem Kriminalfilm *Murder in Coweta County* (*Mord im falschen Bezirk*)
- 1985 als radikaler Abolitionist John Brown in *North and South* (*Fackeln im Sturm*)
- Und nicht zu vergessen das Duett mit Miss Piggy in der *Muppet-Show* im August 1980 (Folge 521)!
- Außerdem spricht Cash den Space-Kojoten in *The Simpsons* (achte Staffel, neunte Folge).

dass Nixon nach den Songs gefragt hat, es scheint aber eher so gewesen zu sein, dass Cash sie einfach nicht gelernt hatte – oder lernen wollte. Er selber begründete sein Verhalten später damit, er habe die Originalinterpreten nicht verärgern wollen. Im Weißen Haus singt er aber seinen Protestsong »What is Truth«. Damit verbiegt er zwar nicht brachial wie Jimi Hendrix die Nationalhymne, übt aber immerhin leise Kritik mit Zeilen wie diesen: »A little boy of three sittin' on the floor / Looks up and says ›Daddy, what is war?‹ / ›Son, that's when people fight and die‹ / The little boy of three says ›Daddy, why?‹«

Auf dem Höhepunkt seiner Popularität dreht Cash mit Kirk Douglas den Western *A Gunfight*, der im Sommer 1971 in die Kinos kommt. Die Jicarilla Apachen, die die auf ihrem Stammesgebiet entdeckten Öl- und Gasvorkommen selbst verwalten, produzieren den Film. Zwei alternde Revolverhelden planen ein letztes Duell in einer Arena, damit der Überlebende das Eintrittsgeld kassieren kann. Cash macht eine überdurchschnittlich gute Figur. In einer Talkshow lobt Kirk Douglas seinen Filmpartner. Eine vergleichbar gute schauspielerische Leistung liefert Cash 1974 in der Columbo-Folge *Swan Song* (*Schwanengesang*) ab, er spielt dort – wen wundert's? – einen Country-Star, der auf perfide Weise seine evangelikale Ehefrau aus dem Weg räumt. Sehenswert! Peter Falk fasst als Columbo das Geschehen zusammen, als er sich am Ende arglos und unbewaffnet allein zum Mörder Tommy Brown (passend zu Cashs Gefängnis-Image) ins Auto setzt: »Jemand, der so singen kann wie Sie, kann kein ganz schlechter Mensch sein«.

Für den Film *I Walk the Line* (1970) mit Gregory Peck in der Hauptrolle schreibt Cash den kompletten Soundtrack mit sehr stimmungsvollen Songs, die zur Dramatik des Films passen:

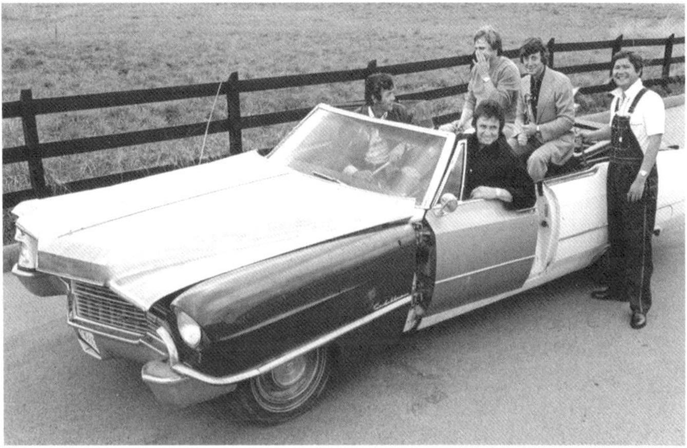

Das Auto aus dem Song »One Piece at a Time« wurde für Werbezwecke nachgebaut

Peck spielt einen Sheriff, der sich in die Tochter eines Schmugglers verguckt.

Für Cash wird es jedoch immer schwerer, mit seinen Songs Spitzenpositionen in den Charts zu erreichen – mit einer Ausnahme: »One Piece at a Time« – eine lustige Nummer über einen Mann, der bei General Motors am Fließband arbeitet und von einem tollen Schlitten träumt. Über Jahre klaut er jeden Tag Stück für Stück Einzelteilte, indem er sie etwa in seiner Butterbrotbox aus dem Werk schmuggelt, und bastelt sich schließlich sein Traumauto zusammen.

Mit einigen seiner Alben betont Cash schon auf den Covern seinen unerschütterlichen Patriotismus. Auf *America: A 200-Year Salute in Story and Song*, einem weiteren Konzeptalbum, posiert er in armeegrünem Overall vor den Stars and Stripes –

im Jahr 1972, als der Protest rund um den Vietnamkrieg immer stärker wurde. 1974, im Jahr der Watergate-Affäre, erscheint sein Album *Ragged Old Flag*: Auf dem Cover ein streng dreinblickender Cash, der auf die zerfetzte Nationalflagge zeigt. Gerade aus deutscher Sicht hat man diesen zur Schau gestellten Patriotismus stets kritisch gesehen, vermutlich sehr viel kritischer als in den Vereinigten Staaten. Für viele in Deutschland galt Countrymusik lange Zeit als reaktionär und rechtskonservativ. Mit dem Lied »Ragged Old Flag« nimmt Cash Bezug auf Watergate. Er zählt auf, in welchen Kriegen im Laufe der Geschichte die US-Flagge wehte, doch wird der Anlass, überhaupt einen Krieg wie gegen Vietnam zu führen, nicht problematisiert.

Wie man es auch dreht und wendet, die aufdringlich-patriotische Seite dieses Songs ist unübersehbar. Wie so vieles, was Johnny Cash öffentlich tut, bleibt auch dies widersprüchlich. Auf der einen Seite die Protestalben wie *Bitter Tears*, das Engagement für die Unterdrückten oder die Alben für die Strafgefangenen, auf der anderen Seite das Image, ein guter und obendrein gottesfürchtiger Patriot zu sein, der zu seinem Land steht, ganz gleich, was gerade passiert. Im Konzert im Madison Square Garden vom Dezember 1969 beschreibt er sich mit Blick auf den Besuch der Truppen in Vietnam als »dove with claws«, also als »Taube mit Krallen« – was für ein seltsames Bild. Zwar wollte er sich mit der »Taube« vermutlich von den »Falken«, also von den Kriegsbefürwortern, absetzen, die als »war hawks« bezeichnet werden – aber warum mit Klauen? Weil er selbst wehrhaft ist? Gleichzeitig singt er vor dem New Yorker Publikum das bekannte Antikriegslied »Last Night I Had the Strangest Dream« und erntet tosenden Applaus. Er ist ein wandelnder Widerspruch, teils Wahrheit, teils Fiktion, wie Kristofferson in einem Song »The Pilgrim, Chapter 33« meinte (bei dem er auch an Johnny Cash dachte, wie er später ausführte). »Tatsächlich ist Cashs Patriotismus geprägt vom Idealbild eines Amerika, in dem alle Bewohner gleich sind, in dem kein Platz für Rassismus ist, oder in dem sich kein texanischer Gouverneur George W. Bush mit dem Unterzeichnen von Todesurteilen die Finger wund schreiben muss«, so der Countrykenner Franz Dobler.

Sein Album *Any Old Wind That Blows* behauptet sich Anfang 1973 noch einmal weit oben in den Country-Charts. Gleich vier Singles werden ausgekoppelt, u. a. das Pete Seeger-Protestlied »If I Had a Hammer«, das er im Duett mit June Carter singt, und »Oney«, ein amüsanter Song über den »working man«. Doch dann beginnt der Abstieg.

»The Preacher Said, Jesus Said«: Die Religiosität des Johnny Cash und The Gospel Road

Johnny Cash, von Hause aus Baptist, war mit Sicherheit ein tiefreligiöser Mensch, er stellte diese Religiosität und seinen Glauben allerdings auch nicht nur auf der Bühne stark zur Schau. So unterstützt er über Jahre den Baptistenpastor und Erweckungsprediger Billy Graham (1918–2018) bei dessen groß angelegten Evangelisationsveranstaltungen, den sogenannten ›Kreuzzügen‹ bzw. ›Billy Graham Crusades‹. Graham und Cash waren befreundet, der Evangelikale rezitiert sogar einige Passagen aus der Bibel in Cashs Lied »The Preacher Said, Jesus Said« (auf dem Album *Man in Black*). Auf manche wirkt der nach außen gekehrte Glaube von Cash ähnlich wie sein Patriotismus angestrengt und störend. Allerdings wuchs Cash in einem religiösen Umfeld auf und hatte eine sehr fromme Mutter. Sein Großvater mütterlicherseits soll eine ausgezeichnete Singstimme gehabt haben und leitete den örtlichen Kirchenchor. Als Johnnys zwei Jahre älterer Bruder Jack, der immer beteuert hatte, Prediger werden zu wollen, mit 14 Jahren bei einem tragischen Unfall ums Leben kommt, könnte in Cash

Johnny Cash legt den Grundstein für den ikonenhaften Man in Black.

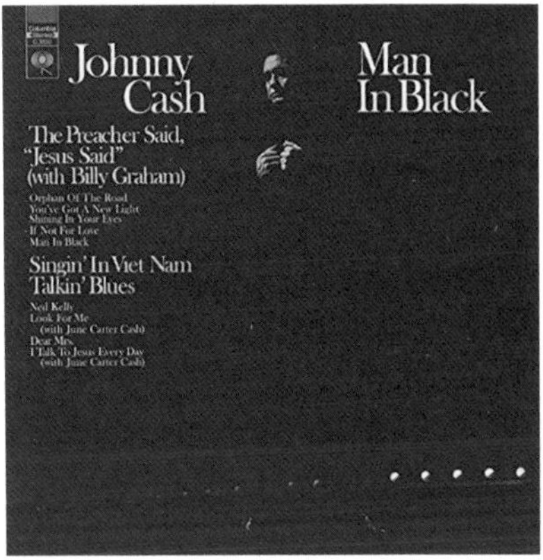

unterbewusst der Wunsch gereift sein, etwas von der Frömmigkeit seines Bruders in die Welt zu tragen.

Und tatsächlich beschränkt sich Cashs Liebe zur Gospelmusik nicht nur auf wenige Jahre, im Gegenteil: In regelmäßigen Abständen erscheinen Alben mit Gospelsongs (mit eigenen Kompositionen und traditionellen Liedern), und das obwohl stets aus kommerzieller Sicht klar ist, dass sich diese Alben nicht gut verkaufen werden. Bereits im frühen Sun-Repertoire findet sich das Lied »Belshazzar« mit Bezug auf die biblische Geschichte im Buch Daniel über das Menetekel, das plötzlich an einer Wand erscheint und König Belsazer seinen baldigen Tod und den Untergang seines Reiches verkündet. Atmosphärisch gelungen ist auch seine Interpretation des Jimmie Davis-Song »I Was There When It Happened« aus dem Jahr 1957 im kargen Sun-Sound: Cashs Bandkollegen Grant und Perkins steuern den Harmoniegesang bei. Alle sind ihres Glaubens gewiss: »Yes, I know when Jesus saved me, saved my soul / The very moment He forgave me, made me whole / He took away my heavy burdens / Lord, He gave me peace within, peace within / Satan can't make me doubt it, I won't doubt it / It's real and I'm gonna shout it, I'm gonna shout it / I was there when it happened / And so I guess I ought to know.«

Viele Lieder aus Cashs Feder beziehen sich auf die Bibel oder behandeln religiöse Fragen. Bereits erwähnt wurde das stimmungsvolle Album *The Holy Land* (1969), auf dem sowohl in erzählerischen Passagen als auch in Liedern Cash seine Eindrücke einer Israelreise verarbeitet. Auf dieser LP findet sich Cashs wunderbarer Song zum Hochzeitsfest von Kana: »He Turned the Water into Wine« (live z. B. auf *At San Quentin* zu hören).

Gegen Ende seines Lebens findet Cash noch einmal zum Themenkomplex der Apokalypse zurück, mit dem düsteren, sehr gelungenen Song »The Man Comes Around« für das gleichnamige Album aus dem Jahr 2002. Wenn das Jüngste Gericht nahen wird, wird es kein Halten mehr geben: »And I heard as it were the noise of thunder / One of the four beasts saying, come and see / And I saw, and behold a white horse / There's a man going around taking names / And he decides who to free and who to blame / Everybody won't be treated all the same / There will be a golden ladder reaching down / When the man comes around.« Spärlich instrumentiert mit Gitarren, Klavier und Orgel, besticht dieser sprachgewaltige Song auch durch den Rhythmus, der an den alten »boom-chicka-boom«-Sound der frühen Jahre erinnert.

1975 erscheint Cashs LP *Johnny Cash Sings Precious Memories* mit Gospelstandards und persönlichen religiösen Lieblingstiteln. Die Lieder werden von einem Orchester untermalt. Arrangeur und Dirigent ist Bill Walker, der schon während der ABC-Johnny Cash Fernsehshow für das musikalische Arrangement verantwortlich war. Cash widmet das Album seinem bei einem Unglück in der Holzwerkstatt des Landwirtschaftsgebäudes einer örtlichen High School schwer verletzten und später an seinen Verletzungen verstorbenen Bruder Jack, dessen Tod ihn bis ins Mark erschütterte (der damals 14-jährige Jack hatte ein bisschen Geld für die Familie dazuverdienen wollen).

> »Jack ist nicht wirklich fort; er kommt zu mir. Immer wieder erscheint er mir zwischendurch im Traum [...] und hat mit mir Schritt gehalten. Wenn mir andere Familienmitglieder im Traum erscheinen, wie June oder John Carter, sind sie für gewöhnlich jünger als sie es jetzt sind, aber Jack ist immer zwei Jahre älter als ich [...] Er ist Prediger, genau wie er es vorhatte, ein guter Mensch, der großes Ansehen genießt.«
> aus: *Cash. The Autobiography* (1997)

Am wichtigsten dürfte ihm aber sein ehrgeiziges Projekt *The Gospel Road* gewesen sein. Das gleichnamige Doppelalbum aus dem Jahr 1973 liefert den Soundtrack zu dem Film *The Gospel Road* (Regie: Robert Elfstrom). Cash investiert 500 000 Dollar in diesen Film; gedreht wurde 1971 in Israel. Die Dialoge für das Doppelalbum und viele der Songs hat Cash selbst geschrieben, die anderen Lieder stammen u. a. von Kris Kristofferson oder John Denver. Cash verkauft die Vertriebsrechte an Twentieth Century Fox, in der Hoffnung, der Film möge über alle Bundesstaaten der USA hinweg anlaufen, doch Twentieth Century Fox hat Schwierigkeiten, den Jesus-Film überhaupt irgendwie zu vermarkten. Letzten Endes wird *The Gospel*

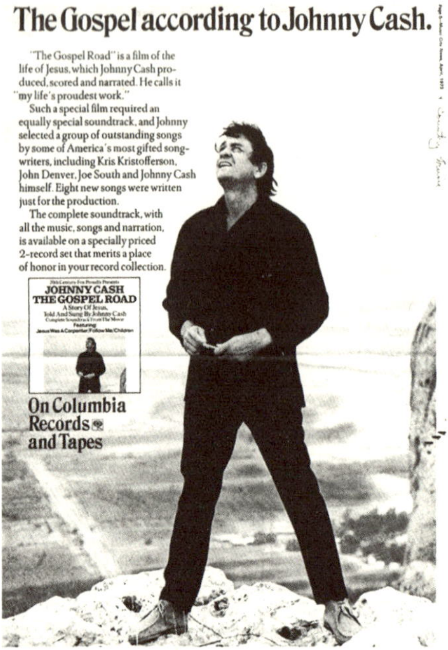

Werbeplakat:
The Gospel Road

Road nur im kleineren Rahmen gezeigt, das ehrgeizige Projekt verstaubt im Archiv, sehr zur Enttäuschung von Cash.

Cashs Glaube und seine intensive Beschäftigung mit der Bibel kamen nicht nur in den Spirituals und Gospelalben zum Ausdruck: 1986 veröffentlichte er seinen Roman *Man in White* über den Apostel Paulus und schreibt passend dazu das gleichnamige Lied. »Paulus faszinierte mich«, schreibt Cash, »weil er, abgesehen von der dramatischen Bekehrung, in seinem Glauben so oft auf die Probe gestellt wurde – er erlitt Schiffbruch, wurde mit Stöcken geschlagen [...] aber er war immer noch imstande zu sagen ›Ganz gleich, in welcher Situation ich mich befinde, ich bin zufrieden, weil ich Jesus Christus habe.‹ Ich wollte etwas davon haben.« In dem bluesigen Song »One Of These Days I'm Gonna Sit Down and Talk to Paul« führt Cash mit dem Apostel eine imaginäre Unterhaltung.

1990 nahm er das Hörbuch *Johnny Cash Reads the Complete New Testament* in der berühmten King James Version auf, die im anglo-amerikanischen Raum immer noch Standard ist. In den 1970er Jahren hatte er an der Christian International School of Theology in einer Art Fernstudium das Fach Bibelkunde belegt. Er paukt für die jeweiligen Prüfungen und machte seinen Abschluss in Theologie. Von da an ist er ein *minister*, ungefähr so etwas wie ein Pfarrer.

Doch nicht nur die Bibel, auch andere Glaubensquellen interessieren ihn: Cash kennt Khalil Gibrans Kultbuch *The Prophet*, das 1923 erschien und in den 1960er Jahren in der Beatnik-Szene sehr beliebt war, nahezu auswendig (wie auch Elvis Presley). 1996 nimmt Cash postum erschienene Texte von Gibran für ein Hörbuch mit dem Titel *The Eye of the Prophet* auf.

Vor allem in den 1970ern lässt Cash viele seiner Konzerte mit einem Gospel-Potpourri ausklingen. Oftmals kommen dann gegen Ende der Show die jeweiligen Gäste noch einmal ins Rampenlicht (z. B. bei den *Johnny Cash Christmas Specials* der Jahre 1976–1979 oder etwa bei dem Spiritual »Children Go Where I Send Thee« im Konzert von 1971 in Dänemark). Nicht selten gehören zur Schlussrunde auf der Bühne etliche Familienmitglieder: Johnnys jüngerer Bruder Tommy, der einige Titel in den Country- und Pop-Charts platzieren konnte, Junes Schwestern, Johnnys Tochter Cindy, Junes Tochter Rosie Nix Adams oder die Countrysängerin Jan Howard, die 2020 hochbetagt verstarb.

Viele der Familienmitglieder treten in die Fußstapfen des Patriarchen: Rosanne Cash, Johnnys älteste Tochter aus erster Ehe, ist seit den 1980ern als Sängerin und Songschreiberin erfolgreich im Musikbusiness. June Carters älteste Tochter Carlene Carter ist seit Ende der 1970er ebenfalls eine erfolgreiche Sängerin. Zeitweilig war Carlene mit dem britischen Singer-Songwriter Nick Lowe liiert, der Johnny Cash den Song »The Beast in Me« für das Album *American Recordings* quasi auf den Leib geschrieben hat. Und John Carter Cash spielte in den 1990ern einige Jahre in der Band seines Vaters und hat sich seither einen Namen als Produzent gemacht.

Es wirkt authentisch, wenn Cash in seinen Autobiografien beschreibt, wie viel ihm der Glaube bedeutet und wie sehr es ihm stets darum ging, vor allem Gospelmusik zu machen. Das ist die eine Seite, nämlich der Anspruch an sich selbst, ein gottgefälliges Leben zu führen, wie Cash es in seinem Lied »I'm Gonna Try to Be That Way« beschreibt (oder in »I Walk the Line«). Die andere Seite: Immer wieder kommen Cashs innere Zerrissenheit und selbstzerstörerische Seite zum Vorschein, auch nach den schwierigen, von Drogen geprägten 60er Jahren. Anfang der 80er erleidet er einen herben Rückfall in die Abhängigkeit. Eine unglückliche Verkettung von Ereignissen: Cash wird in seinem Privatzoo von einem Strauß attackiert, bricht sich einige Rippen und verlässt sich auf Schmerztabletten, von denen er leider wieder abhängig wird: »Diese fünf gebrochenen Rippen taten richtig weh. Genau dafür sind Schmerzmittel ja gemacht, daher hatte ich das Gefühl, mit einem gewissen Recht eine Menge davon nehmen zu können […] sobald der Schmerz vollkommen ausgeblendet war, wusste ich, dass ich die Pillen nur nahm, weil ich mich so gut dabei fühlte.«

Eine Kettenreaktion wird ausgelöst: 1983 will er in einem Hotelzimmer in England unter Einfluss von Drogen und halluzinierend ein imaginäres Klappbett öffnen. Er fängt sich Holzsplitter ein und muss sich daraufhin einer Handoperation unterziehen. Im Zuge der Hand-OP werden Geschwüre im Magen-Darmbereich entfernt. Noch in der Klinik verpasst er sich selbst eine Überdosis Valium. Ende des Jahres erklärt er sich auf Druck der Familie bereit, sich einer Entziehungskur im neu eingerichteten Betty Ford Center zu unterziehen: Zu den Prominenten dort zählen zur selben Zeit Elizabeth Taylor und Ozzy Osbourne; Cash hat Muße, mit beiden zu plaudern. Tatsächlich schickt ihm Taylor danach jedes Jahr zum Geburtstag ein Glückwunschtelegramm und betont augenzwinkernd: »Aber vergiss nicht, ich bin einen Tag jünger als du!«

Auch wenn Cash sich zwischenzeitlich erholt, gerät er immer wieder in die Abhängigkeit und kann seine Dämonen nicht loswerden. »My old friend Lucifer came, fought to keep me in chains«, heißt es in seinem Lied »Redemption« auf *American Recordings*. Auf eben diesem Album beschreibt er auch »das Tier«, das in ihm steckt (»The Beast in Me«) und in einem brüchigen Käfig eingesperrt ist.

Als 1993 die ersten Aufnahmen für *American Recordings* entstehen, nimmt Cash auch eine Reihe Gospelsongs auf, die er ursprünglich von seiner Mutter gelernt hat. Das Album erschien postum als *My Mother's Hymn Book* – auch hier nur mit Cashs Stimme und der Gitarre.

In seiner Autobiografie bezeichnet er die Abhängigkeit als »andauernden Kampf«, betont aber, er suche weiterhin Trost bei Gott: »Ich weiß aber auch, dass ich es, wenn ich mich jeden Morgen auf Gott einlasse und ihm und mir selbst gegenüber aufrecht bleibe, wunderbar durch den Tag schaffe.«

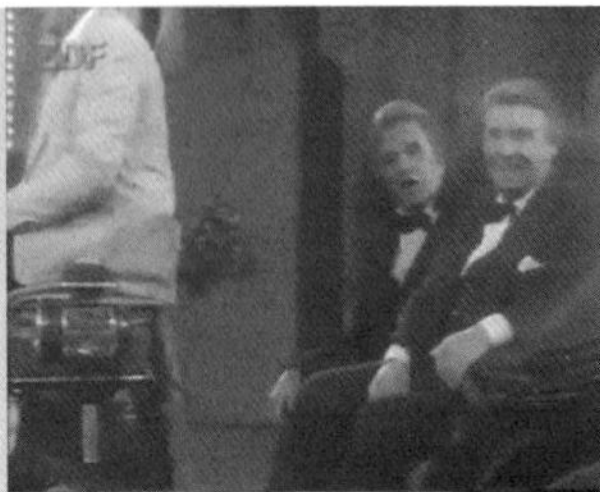

Cash stattlich im Fiaker mit Peter Alexander in Wien 1992.

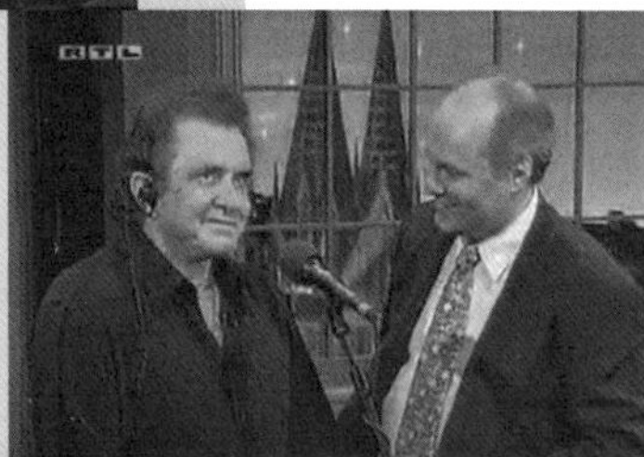

Cash (sitzend) und Thomas Koschwitz (stehend) auf Augenhöhe in der RTL *Nachtshow* 1994.

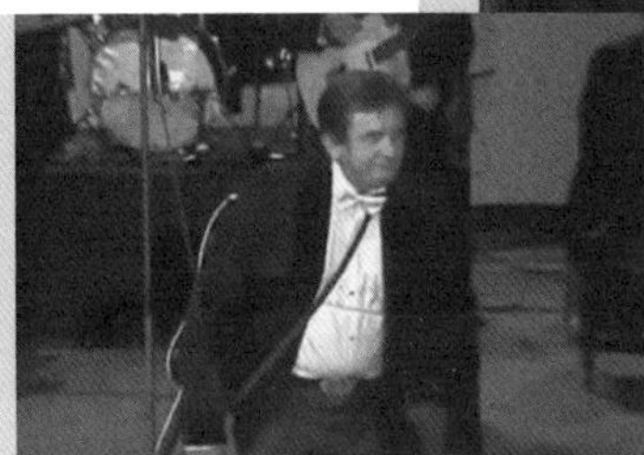

Cash auf den Knien vor dem deutschen Publikum bei *Wetten dass* 1983.

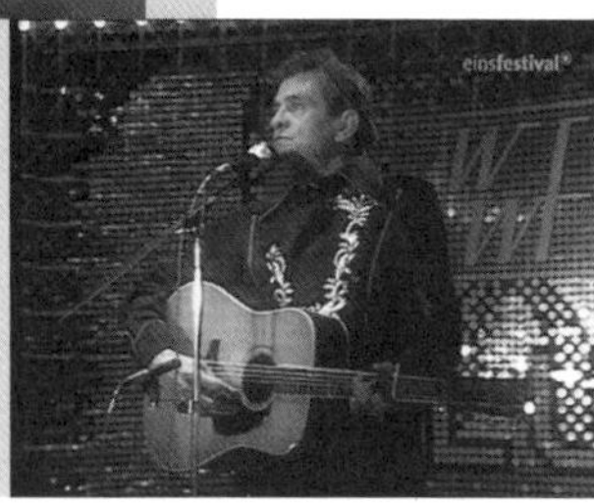

Cash singt »(Ghost) Riders« im *WWF Club* 1982.

Johnny Cash im deutschen TV

Schwere Zeiten

Cash und die 1980er Jahre – ein Trauerspiel. Bereits im Verlauf des voraufgegangenen Jahrzehnts hatte sich abgezeichnet, dass die Plattenverkäufe rückläufig waren. Das bedeutete jedoch nicht, dass Cash in Vergessenheit geriet. Im Gegenteil, er geht fast jedes Jahr auf Tournee, hat besonders in Europa viele treue Fans, in Irland, England, den Niederlanden und Deutschland. Doch der ›Man in Black‹ ist längst zur Ikone erstarrt. Entscheidende Impulse bleiben aus, es mangelt an Kreativität, an einem guten Umfeld. Das Material für die Alben wird schwächer. 1980 feuert Cash seinen Bassisten Marshall Grant, den treuen Gefährten aus den ersten Tagen bei Sun Records. Seine Band heißt von nun an The Great Eighties Eight, mit stets wechselnder Besetzung. Cash wirft Grant vor, Gelder veruntreut zu haben, was dieser bestreitet. Im Gegenzug verklagt Grant Cash wegen Verleumdung und verlangt Ausgleichszahlungen für entgangene Einnahmen. Der Streit kocht hoch, letzten Endes einigt man sich außergerichtlich. Über die Einzelheiten wird nicht viel bekannt, der Bassist erhält jedoch eine Abfindung. Grant beschreibt Cash in jener Zeit als einen zunehmend unberechenbaren und launischen Menschen, der wieder von Pillen abhängig ist.

Den letzten Alben für das Columbia Label mangelt es klar an Einfallsreichtum. Cash scheint das Interesse an der Arbeit im Studio verloren zu haben, das Plattenlabel wiederum setzt längst nicht mehr auf den einstigen Star. Eine fruchtlose Zeit? Mitnichten: Zehn Jahre nach dem Tod seines Vaters entdeckt John Carter Cash Aufnahmen, die aus den Jahren 1981 bis 1984 stammen und ursprünglich für ein weiteres Album gedacht waren: 2014 erscheinen die bis dahin im Archiv verstaubten Songs unter dem Titel *Out Among the Stars*, mit einer bemerkenswerten Version des Lieds »She Used to Love Me a Lot«, das als Single ausgekoppelt wird.

Cashs Selbstkarikatur in oder als »Chicken in Black« aus dem Jahre 1984 ist für viele Cash-Fans schwer erträglich: Ein Arzt eröffnet ihm, sein Gehirn habe seinen Körper überlebt und müsse transplantiert werden, – und er erhält im Gegenzug das eines Banken ausraubenden Gangsters. Als er sein Gehirn zurückhaben will (das Publikum der Grand Ole Opry reagierte befremdend darauf, dass er auf der Bühne alle auszurauben versuchte und nicht mehr singen konnte), eröffnet ihm der Quacksalber, ein Huhn habe sein Gehirn erhalten und würde nun als Johnny Cash auftreten und viel Geld verdienen: »I called New York and talked to that brain quack / And said Doc I gotta have my old brain back / He said I'm sorry there, Mr Cash, but I can't do that / He said I put your brain in a chicken last Monday / He's singing your songs and makin' lots of money / And I got him signed to a ten-year recording contract.« Zu dem Song existiert ein Video, in dem Cash in einem Superheldenkostüm durch die Gegend springt, Leuten seine Gitarre vor die Nase hält und sie auffordert, ihre Wertsachen in seinen Gitarrenkoffer zu werfen. Man kann das auch als Satire abtun oder sich damit trösten, dass er oft komisch-skurrile Lieder aufgenommen hat.

Einen künstlerischen Tiefpunkt jener Jahre stellt das Album *Rainbow* (1985) dar, das kitschig und überproduziert daherkommt – obwohl es Kritiker gibt, die sagen, es könne eigentlich kein wirklich schlechtes Cash-Album geben, da er als Sänger die Fähigkeit habe, jeden Song hervorragend zu interpretieren (z. B. Bruce Springsteens »Highway Patrolman«, 1983).

Dennoch: In diesem Jahrzehnt gerät Cash als Künstler ins Trudeln, ist zunehmend orientierungs- bzw. ratlos. 1986 verlängert Columbia Records seinen Vertrag nicht. Für viele Kollegen aus der Musikszene ist das ein Schock, da Johnny Cash ein großer Name bei dem Musikunternehmen war.

Cash ist danach bei Mercury Records unter Vertrag und veröffentlicht recht solide Alben mit einigen sehr gelungenen Songs: Etwa die Coverversion von Elvis Costellos »The Big Light«, mit großartigem Arrangement (auf *Johnny Cash Is Coming To Town* von 1987). 1990 wagt Cash mit dem Album *Boom Chicka Boom* einen nostalgischen Blick zurück auf die Sun-Ära, überwiegend mit neueren Titeln, die ebenfalls auf hohem Niveau eingespielt sind. Stimmlich ist Cash allemal auf der Höhe, dennoch wirken viele Lieder überproduziert. Insgesamt geht das jeweilige Konzept der Alben nicht auf – vor allem gemessen an den Verkaufszahlen.

Die Zeiten hatten sich geändert, Countrymusik hatte sich verändert. Anfang der 1980er nahm die sogenannte Urban-Cowboy-Bewegung mit jungen Künstlern Fahrt auf. Country und Pop verschmelzen, schlimmstenfalls wird Mainstream-Country mit kitschigen Popeinflüssen überzuckert. Zum New Traditionalist Movement bekennen sich Sänger wie Dwight Yoakam, zu Beginn der 1990er feiert Garth Brooks große Erfolge mit einer Mischung aus Rock, Pop und Country – Johnny Cash aber sitzt zwischen den Stühlen. Im Bewusstsein der

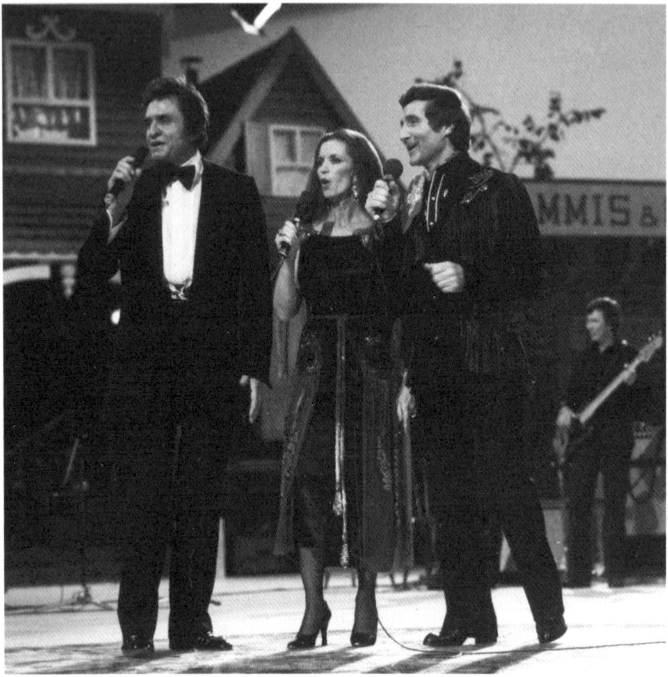

June Carter und Johnny Cash mit Freddy Quinn in *Freddy Quinn und seine Freunde* (1980)

Countrymusik-Community ist er zwar der Altstar, kommerziell werden die Jahre allerdings zum Desaster für ihn. Tatsächlich verkauft Rosanne Cash in dieser Zeit mehr Platten als ihr berühmter Vater. Außerdem schreibt er auffallend wenig eigene Songs, nimmt dafür alte Lieder mit neuen Arrangements auf. Und das geht meistens nach hinten los, denn die alten Versionen sind durchweg besser. Auf den Tourneen setzt er auf den Nostalgiefaktor, präsentiert sich als ›Man in Black‹ und bringt all die alten Hits, die das Publikum natürlich hören will. Künstlerisch passiert nicht mehr viel – dagegen sieht man ihn vermehrt in TV-Produktionen, z. B. in *Fackeln im Sturm*.

Cash zieht deshalb in Erwägung, dauerhaft wie andere in Las Vegas nun in Branson, Missouri, aufzutreten und sich auf seinen Lorbeeren auszuruhen – die allabendlichen Shows dort haben sich zwar für einige Sänger als Publikumsmagnet erwiesen, hinter vorgehaltener Hand heißt es aber, Branson sei das Abstellgleis für abgehalfterte Stars. Cash soll einen eigenen »Unterhaltungstempel« namens ›Cash Country‹ erhalten. Letzten Endes wird aus dem Bauprojekt einer Konzerthalle allein für ihn in Branson nichts, weil der Investor pleitegeht. Im Frühjahr 1993 gibt Cash schließlich einige Shows im Wayne Newton Theater in Branson, allerdings sind die Ränge oft nur halb gefüllt. Insgesamt enttäuschend. Aber vielleicht sollte es auch so sein …

Es gibt natürlich auch Lichtblicke: Gemeinsam mit den alten Weggefährten Kris Kristofferson, Waylon Jennings und Willie Nelson nimmt Cash 1985 das Album *Highwayman* auf, der Titelsong von Jimmy Webb schafft es auf Platz 1 der Country-Charts. Das Plattencover zieren die Köpfe der vier Stars auf einer Bergsilhouette, wie die in Stein gehauenen Präsidenten am Mount Rushmore. Wie Willie Nelson während einer Tournee sagte: »Jeder von uns hat ein Ego von der Größe eines Busses.« Die ›Wegelagerer‹ veröffentlichen 1990 und 1995 noch zwei weitere sich recht gut verkaufende Alben und gehen gemeinsam auf Tournee.

Am 15. Januar 1992 wird Cash in New York feierlich in die Rock and Roll Hall of Fame aufgenommen, steht u. a. neben Keith Richards auf der Bühne. In seiner emotionalen, frei gehaltenen Rede bedankt er sich für die Ehre und blickt auf seine musikalischen Wurzeln zurück. Kurios: Ihm zu Ehren spielen die Rocker auf der Bühne »Big River«, ehe Ausnahmegitarrist Vernon Reid auf der Gitarre »Purple Haze« von Hendrix anstimmt – Cash steht bei John Fogerty und Keith Richards und sagt lakonisch: »Okay, da habe ich wohl meinen Meister gefunden.«

Apropos Lichtblicke: 1991 singt Cash auf der Scheibe der Crossover-Punk-Metal Band One Bad Pig bei »Man in Black« mit – betritt also hier schon einmal musikalisch ihm eher fremdes Terrain. Wellen schlägt dieser Auftritt nicht. Umso mehr Hörer erreicht Cash 1993, als U2 ihm den Song »The Wanderer« überlässt und als letzten Titel auf dem Album *Zooropa* verewigt. Mit der Reichweite einer Band wie U2 ruft sich Cash erstmals wieder einem jüngeren Publikum in Erinnerung, das nicht in erster Linie Country hört. Das Arrangement von »The Wanderer« ist mit der akzentuierten Basslinie, den Synthesizer- und anderen elektronischen Klängen ebenfalls ungewöhnlich für Cash. Der Erzähler findet sich in einer postapokalyptischen Welt wieder. Und mit all der Bibel-Metaphorik ist dieser Song einem alten Wanderprediger wie Cash auf den Leib geschrieben. Die Zeichen stehen also keinesfalls schlecht für einen Neuanfang. Doch wird er wirklich kommen?

CASH: Die »Wiederauferstehung« in großen Lettern. Rick Rubin und *American Recordings*

1993: Die Rettung naht in Gestalt von Rick Rubin (Jahrgang 1963). Der junge, ZZ Top-bärtige und immer barfuß laufende Produzent hat bislang erfolgreich auf Hip-Hop/Rap, auf Funkrock- oder Alternative Rock-Bands (Red Hot Chili Peppers), oder Metalbands wie Danzig oder Slayer gesetzt. Jetzt holt er Cash aus der Versenkung und ins wohnzimmerartige Studio. Rubin hatte zunächst mit Cashs Manager Lou Robin Kontakt aufgenommen und den Wunsch geäußert, ein Album mit der Countrylegende aufzunehmen. Grund: Cash sei für ihn der leibhaftige Rock 'n' Roll. »Ich habe überlegt, wer wirklich zu den Großen zählt, aber einfach keine großartigen Alben mehr macht«, sagt Rubin. »Und Johnny war der erste große Künstler, der mir in den Sinn kam.« Der Produzent und der Altstar treffen sich erstmals 1993 backstage nach einem Cash-Konzert in Kalifornien.

Rubin hat den Weitblick, Cash nicht zu verbiegen. Er setzt auf dessen erdige, unverwechselbare Stimme, begleitet bloß von seiner akustischen Gitarre. Ein Konzept so einfach wie ge-

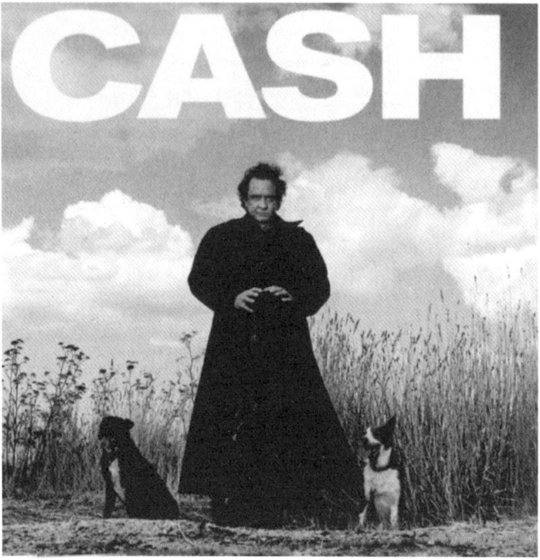

American Recordings

nial. Nach dem Motto: »Setz dich mit deiner schwarzen Martin D-28 vor das Mikro und sing das, was du immer schon singen wolltest. Nur deine Stimme und die Gitarre, Punkt.« »Countrymusik: Drei Akkorde und die Wahrheit«, so lautet eine geläufige Weisheit, und Cash war von jeher der Meister des Drei-Akkorde-Liedes. »Alles, was zählt«, schreibt er im Begleittext zum Album, »ist, dass die Gitarre und ich eins sind [...] es ist mir egal, wenn ich nur drei oder vier Akkorde kann«.

Cash springt auf das Konzept an. Er hat immer schon ein Soloalbum realisieren wollen, das *Late and Alone* heißen sollte. Ein solches Projekt konnte er allerdings weder bei *Columbia* noch bei *Mercury Records* durchboxen.

Im Juni/Juli 1993 experimentieren Rick Rubin und Cash zunächst mit dem Song-Material. Einige Titel werden mit Bandmitgliedern der Red Hot Chili Peppers und von Tom Pettys Heartbreakers eingespielt. Cash nimmt einige Lieder in seinem Haus in Hendersonville auf, andere wiederum in Kalifornien bei Rubin. Letzten Endes kocht der Produzent das Repertoire für das spätere Album herunter, von den etwa 70 Aufnahmen kommen 13 »unbehandelte« Songs in die Endauswahl. Zwei werden live im Viper Room in L.A. aufgenommen, einem angesagten Club, der zu diesem Zeitpunkt dem Schauspieler Johnny Depp gehörte und vor dem 1993 der Schauspieler River Phoenix unter Drogeneinfluss zusammenbrach und später starb.

Und Cash, der Altmeister, singt in dieser reduzierten Akustikversion ungeheuer ausdrucksstark. Die Stimme klingt verwittert, dunkler und tiefer als sonst. Zwar hat er längst die sechzig überschritten, ist aber weiterhin hungrig wie zu Beginn seiner Karriere, hochmotiviert und wieder kreativ. Er fühlt sich an die alte Sun-Zeit erinnert und bringt tatsächlich neue Songs für das Album mit. Mit den Aufnahmen katapultiert er sich zwar nicht kommerziell zurück in die Charts, dafür aber ins Rampenlicht der Kritiker. Das bereits erwähnte MTV-Video zu »Delia's Gone« mit Model Kate Moss sorgt für Furore: Cash, in der Rolle des Delia-Mörders, tötet die Geliebte – »I shot her in the side, / hard to watch her suffer, / but with the second shot she died« – und legt sie in eine offene Grube auf einen Friedhof vor sturmgepeitschtem Himmel. Albträume scheinen den Mörder zu plagen: Zwischendurch sieht man aus der Perspektive der Grube heraus, wie die tote Frau Erde in die Grube schüttet.

Am 26. April 1994 erscheint das von Rubin produzierte Album *American Recordings* (das so heißt wie das Plattenlabel).

Auf dem Cover findet sich kein Titel, nur der Cash-Schriftzug auf Sepiatönen: das Comeback einer Countryikone. Und tatsächlich bietet Cash alle Facetten des ikonenhaften ›Man in Black‹ auf: Neben der bereits erwähnten Mörderballade »Delia's Gone«, die er schon in den 60ern aufgenommen hatte, finden sich auf dem Album Songs rund um Gott, Sünde und Erlösung sowie zwei Westernballaden, ein Lied über die eigene, düstere Seite (»The Beast in Me«) und die Coverversion von Leonard Cohens Freiheitsballade »Bird on a Wire«. Mit dem exzellenten, erdigen Vietnam-Song »Drive On« stellt Cash noch einmal unter Beweis, was für ein guter Storyteller und Songschreiber er ist. Inspirieren ließ er sich hierfür von einem Roman über den Krieg in Vietnam. Mit diesem Song schlägt er den Bogen zurück zu seinem »Singin' in Viet Nam Talkin' Blues« aus dem Jahr 1971. Der Veteran im Song verschweigt nicht, dass er Angst gehabt hat, dass ihm kalt war. Aber er hat überlebt, hat einfach durchgehalten (»weiter geht's« – »drive on«), auch wenn die eigenen Kinder ihn nicht verstehen können. Textlich hervorragend, ein lächelnder Tiger und eine extrem giftige Schlange, der er einfach ins Gesicht spuckt: »I have seen the tiger smile / I spit in a bamboo viper's face.« Sein Freund Tex hat's nicht überlebt. Dann die Zeilen, die so gut zu Cashs Stimme und Alter passen: »I got a little limp now when I walk / And I got a little tremolo when I talk«, mit der abschließenden Formel: »You're a walkin' talkin' miracle from Vietnam.«

Die Songs auf *American Recordings* spiegeln den Geist des alten Liedguts wider, das Cash immer schon gehört hat: »Bei vielen der großen, bekanntesten Songs, mit denen ich aufgewachsen bin, sei es Country, Folk oder Blues, ging es um Verbrechen und Strafe, um Unheil und Irrsinn, um Ärger und

> »Ich habe mir zu Hause einen eigenen Raum für meine Cash-Sammlung eingerichtet. Inzwischen habe ich 5000 Tonträger – CDs und Vinylplatten – gesammelt. Beinahe hätte ich die Sammlung an Cash selbst verkauft.«
>
> Frank Decker, ausgewiesener Cash-Kenner

Streit, und das alles in grellen Farben«, fasst er es in seiner Autobiografie zusammen.

Mit der Songauswahl und der auf die Gitarre reduzierten Vortragsweise braucht Cash nicht mehr nach Hits und Platzierungen in den Charts zu schielen. Vorgaben von Plattenbossen sind unwichtig geworden. Das hat er alles zur Genüge gehabt. Er war der kommerzialisierten Musikwelt überdrüssig geworden – Rubin lässt ihm freie Hand. Cash schreibt die Liner Notes zum neuen Album: ein gefaltetes Heftchen, der zweifarbige Text handschriftlich hingeworfen, einige Wörter durchgestrichen, als wolle er damit sagen: Ich singe und schreibe das, was ich will, und was ihr davon haltet, ist mir völlig egal.

Das Cover ist auf eine Weise genial, dann aber auch fast schon komisch: Cash, natürlich ganz in Schwarz, düster und beinahe bedrohlich, mit ebenso schwarzem Gitarrenkasten vor einem Kornfeld und dräuendem Wolkengebirge. Zwei Hunde flankieren ihn, der eine schwarz mit weißem Latz, der andere weiß mit schwarzen Flecken, die bei der Fotosession zufällig über den Weg liefen: »Sin and redemption«, so hat Cash einmal das Motto der CD umrissen. Cash ist wieder da und erreicht ein jüngeres Publikum. Er gilt als cool, nicht zuletzt deshalb, weil er nicht vorgibt, anders zu sein als er ist.

Die etablierten Country-Radiosender ignorieren das neue Album allerdings weitestgehend: »Konnte man nicht spielen.

Hatte mit aktuellem Country nichts zu tun. War nicht lustig, klang nicht jung. Der Sound war düster wie ein vom Hagel zerstörtes Weizenfeld, die Songs waren düster [...] selbst die paar komischen Songs waren nicht lustig«, schreibt Franz Dobler in seiner Cash-Biografie. Genreübergreifend jedoch horchen die Kritiker auf: »*American Recordings* schlug ein, wurde rezensiert in *Billboard*, bekam die Höchstwertung im *Rolling Stone*.«

Cash geht weiterhin auf Tournee, spielt nun meist im Scheinwerferkegel ein Akustik-Set mit den Songs von *American Recordings*. Im Sommer 1994 tritt er vor Zehntausenden neben Peter Gabriel beim Glastonbury Festival auf, ist bei all dem Applaus der jungen Leute sichtlich gerührt. Im Fernsehen promotet er sein Album, ist u. a. in England bei »Later ... with Jools Holland« zu Gast. 1995 wird *American Recordings* als bestes Folk-Album mit einem Grammy ausgezeichnet. Cash ist so euphorisch, er überlegt sogar, beim Lollapalooza in Berlin aufzutreten, seine Tochter Rosanne kann ihm das im letzten Moment ausreden.

Sowohl für den Produzenten als auch für den Künstler liegt es auf der Hand, an den Erfolg des ersten Albums anzuknüpfen. Für das zweite Werk, *Unchained*, rückt Rubin von der Solo-Akustik-Variante ab und holt gestandene Musiker ins Studio: Neben Cashs Freund Marty Stuart u. a. Tom Petty und die Jungs von den Heartbreakers (besonders der zurückhaltende Gitarrist Mike Campbell wird den Coverversionen seinen Stempel aufdrücken), Lindsey Buckingham und Mick Fleetwood von Fleetwood Mac. Auf einem Song spielt Flea von den Red Hot Chili Peppers Bass. Die Richtung ist klar. Das erste Album bot Folk-/Countryliedgut, auf diesem Terrain kennt sich Cash bestens aus.

Das neue Material ist rockiger und musikalisch anspruchsvoller. Zwei Titel von Cash aus der Sun-Ära werden als energiegeladene Nummern eingespielt: einmal »Country Boy«, mit wummerndem Sound, dass einem fast die Ohren wegfliegen, dann »Mean Eyed Cat«, ein Song, an dem Cash laut eigener Aussage seine Arbeit nie beendet hat. Nun fügt er neue Strophen hinzu und bringt die Story von der Frau, die abgehauen war, ohne Wissen des Ich-Erzählers als Kellnerin im Trucker's World jobbte und jetzt endlich wieder zu ihm und der böse dreinblickenden Katze zurückgekehrt ist, zu einem würdigen Ende: »When I walked in she saw me, and she took off her apron / And she grabbed her goin' home hat / She bought a ticket with her tips and now we're curled up on the sofa / Me and her and that mean eyed cat.« Mit »Memories are Made of This«, einem Dean Martin-Song von 1955, blickt Cash nostalgisch zurück. Kniffliger sind die Lieder, die Rick Rubin für ihn aussucht und die sich Cash zunächst nicht recht zu covern zutraute: »Rusty Cage« von Soundgarden passte vom Stil her nicht zu Cash. Rubin überarbeitet das Stück, macht daraus eine bluesig-rockige Nummer, die Cash letzten Endes erstaunlich gut hinbekommt. Mit dem gebetsartigen Titel »Spiritual« liefert er eine wundervolle, ergreifende Gospelnummer, auch wenn er an manchen Stellen stimmlich an seine Grenzen kommt. Tom Pettys »Southern Accents« eignet er sich mit einem Einfühlungsvermögen und einer Intensität an, dass man Gänsehaut bekommt. »Ich wünschte, ich hätte diesen Song selbst geschrieben«, sagte Cash einmal. Die Musiker auf *Unchained* sind so professionell und gut, dass man sich fast wehmütig fragt, ob es Cash in den 80ern besser ergangen wäre, hätte er Musiker dieses Kalibers gehabt.

Unchained erscheint im November 1996 und wird von den Musikkritikern überwiegend positiv aufgenommen. Der *Roll-*

ing Stone widmet sich dem Album ausgiebig. Die Verkaufszahlen der ersten zwei Alben der *American*-Reihe, also *American Recordings* und *Unchained*, sind nicht überwältigend, doch sie verkaufen sich allemal besser als die Cash-Alben des vergangenen Jahrzehnts. *Unchained* wird als bestes Country-Album mit einem Grammy ausgezeichnet. Und wieder wird die Scheibe kaum in Nashville und bei den etablierten Country-Radiosendern gespielt. Trotzig, mit einer gehörigen Portion Sarkasmus, aber sicher auch augenzwinkernd buchen Rubin und Cash eine ganzseitige Anzeige im *Billboard Magazine* wie einst Cash allein. Was ist zu sehen? Das alte Foto von den Proben zum San Quentin-Konzert: Cash mit verkniffenem Mund und ausgestrecktem Mittelfinger in Richtung Kamera. Der Text lautet: »American Recordings und Johnny Cash möchten sich für die Unterstützung der Musikszene von Nashville und der Country-Radiostationen bedanken.« Der Mythos von Cash, dem Rebellen, er lebt. Und wieder schießt er gegen das Country-Establishment, er, der es schon 1968 allen beim Live Konzert in Folsom gezeigt hat!

Im Dezember 1996 wird Cash der Kennedy-Preis für sein Lebenswerk verliehen. Der ehemalige Vize-Präsident Al Gore begründet, Cashs Werk umfasse »die menschliche Existenz in seiner Gesamtheit, Versagen, Sich-Fangen, Verstrickungen und Entrinnen, Schwäche und Stärke, Verlust und Erlösung, Leben und Tod.« Die feierliche Verleihung wurde auf Film festgehalten, Cash ist neben den Clintons in der Loge zu sehen und kämpft mit den Tränen, als seine Tochter Rosanne Cash ihm zu Ehren »I Walk the Line« singt. Zu den weiteren Gästen des Abends gehören Kris Kristofferson, Lyle Lovett und Emmylou Harris. Im Finale singen alle Gaststars gemeinsam, unterstützt von einem Chor, den klassischen Gospel-Song von

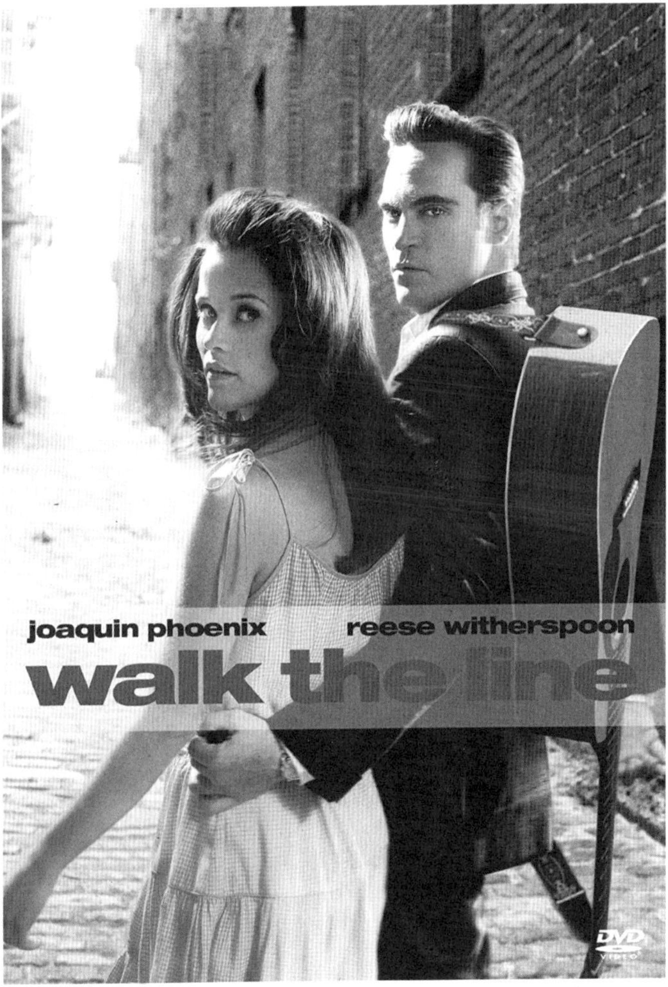

Filmplakat *Walk the Line*

Albert Brumley »I'll Fly Away«; diesen Titel kennt Cash seit frühester Kindheit, und mit diesem Gospel verbindet er die quälende Arbeit auf den Baumwollfeldern.

Schon während der Aufnahmen zu *Unchained* wird offensichtlich, wie stark Cash inzwischen gesundheitlich angeschlagen ist. Zwei Jahre zuvor ließ er sich für *American Recordings* von Andy Earl in Australien ablichten, zu dieser Zeit färbte er sich noch die Haare. Ganz anders dann das Cover von *Unchained*: Der Altmeister sitzt, grauhaarig und mit leicht schiefen Gesichtszügen, vor einer Bretterwand, die Gitarre einige Schritte entfernt. Er hat mit verschiedenen gesundheitlichen Beeinträchtigungen zu kämpfen, u. a. mit einem gebrochenen Kiefer, der ihm chronische Schmerzen bereitet, Folge einer Zahnarzt-Behandlung – Cash nahm trotzdem weiterhin Songs auf. Wiederholt erkrankt er an Lungenentzündung, muss sich bei den Aufnahmesessions öfter ausruhen. »An manchen Tagen war er nicht imstande, zu singen«, erzählt Rick Rubin.

All diese Beeinträchtigungen merkt man Cash bei den Songs auf *Unchained* kaum an, er ist zu dieser Zeit stimmlich noch recht wuchtig. Das sollte sich im Verlauf der Jahre entscheidend ändern.

Das Finale: Musik – bis zum Ende

Zwischen *Unchained* und der nächsten offiziellen Veröffentlichung der *American*-Alben liegen knapp vier Jahre. Cash baut weiter gesundheitlich und körperlich ab. Außer der Reihe erscheint auf dem *American*-Label 1998 das VH1 Storytellers-Konzert mit Cash und Willie Nelson. Vor kleinem Publikum plaudern die beiden Stars, schwelgen in Erinnerungen und spielen ihre großen Hits – Cash kokettiert hier unterhaltsam mit dem eigenen Unvermögen am Instrument, Stücke mit mehr als drei Akkorden würden ihn überfordern: Als Nelson für den Song »Family Bible« darauf hinweist, der nächste Akkord sei fis-moll (Barré zweite Lage), sagt Cash: »Bei fis-moll schaue ich dann einfach auf meine Armbanduhr.« Später reißt an Nelsons Gitarre eine Saite. Cash reicht ihm die schwarze Martin und sagt kurz darauf: »Hm, das erste Mal, dass meine Gitarre richtig gespielt wird.« Ähnlich selbstironisch präsentiert Cash sich bei einer Live-Aufnahme von »Bird on a Wire«, diesmal mit vollem Orchester. Der Dirigent Bill Walker ruft Cash zu: »John, du musst das Capo abnehmen, wir spielen in F-Dur.« Darauf Cash, der weiter über die Saiten schrammelt, mit einer Portion Selbstironie: »Dann will ich mal sehen, ob

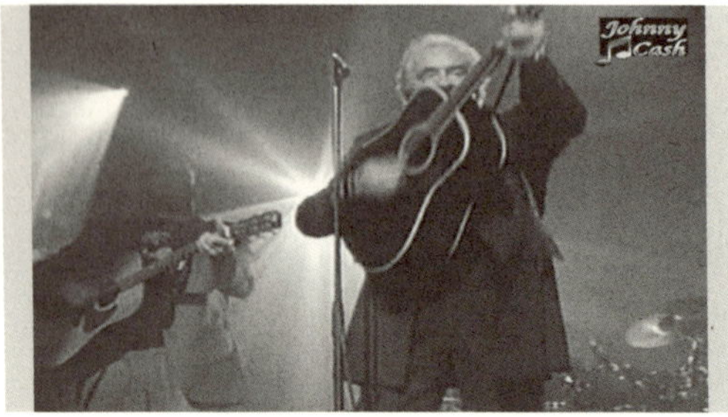

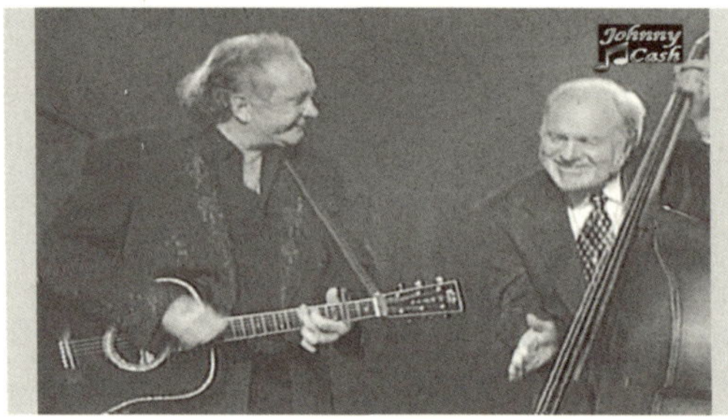

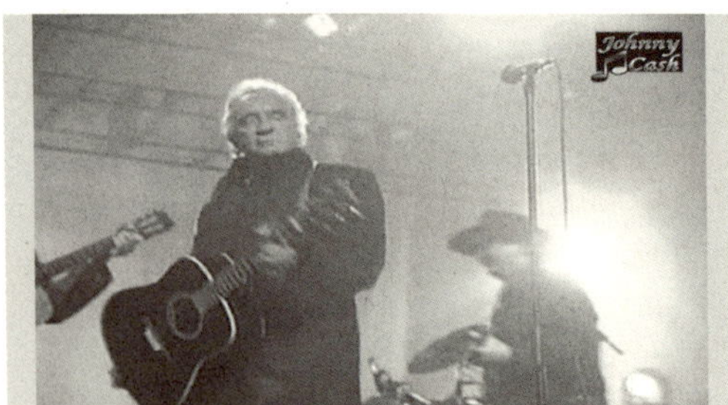

Ein letztes Mal der »Folsom Prison Blues« vor großem Publikum (1999)

ich F-Dur finde.« Als das Lachen im Publikum nachlässt, schiebt Cash brummelnd nach: »Tut mir leid, Bill, wir spielen's so, wie ich's wollte.«

Im April 1999 findet ein All Star Tribute-Konzert zu Ehren von Johnny Cash im Hammerstein Ballroom, New York, statt: Zu den teilweise zugeschalteten Gästen gehören u. a. Bob Dylan, Bruce Springsteen, U2, Größen aus der Countrymusik Community wie Emmylou Harris, Trisha Yearwood oder Brooks & Dunn sowie der Hip-Hop-Musiker Wyclef Jean. Höhepunkt des Abends ist zweifellos, als Cash, schwer gezeichnet von Krankheit, die Bühne betritt und noch einmal vor größerem Publikum seinen »Folsom Prison Blues« singt. Das Publikum, gerührt und ergriffen, reagiert mit Standing Ovations. Cash intoniert »I Walk the Line«, gemeinsam mit allen Gästen der Show. Und wie zu den besten Sun-Zeiten steht noch einmal Cashs alter Weggefährte Marshall Grant am Bass. Es sollte Cashs letzter Auftritt vor einem größeren Publikum sein (der letzte Auftritt überhaupt fand am 5. Juli 2003, in Hiltons, Virginia, mit nur zwei Mitmusikern statt; Cash wird aus dem Rollstuhl gehoben, nur noch ein Schatten seiner selbst, aber weiterhin charismatisch).

American III: Solitary Man (2000) markiert den dritten Streich des Gespanns Rubin-Cash. Cash wirkt kurzatmig, ist stimmlich angeschlagen. Das Cover des Albums zeigt ihn backstage, vermutlich 1994, man wählte offenbar ganz bewusst kein aktuelles Foto. 1997 war Johnny Cash zum letzten Mal in Europa auf Tournee, später ließ sein Gesundheitszustand keine Strapazen *on the road* mehr zu. Bei einem Konzert in Flint, Michigan, gerät er ins Straucheln, kann kaum noch sein Plektron aufheben und erklärt dem verdutzten Publikum, er leide an Parkinson. Das wird später revidiert. Offenbar soll das Shy-Drager-Syndrom für die gesundheitlichen Beeinträchtigungen verantwortlich sein, dann heißt es, es seien autonome Neuropathien im Zusammenspiel mit Diabetes (im Internet wird über eine in Amerika übliche Übermedikamentisierung mit mehreren Dutzend gleichzeitig eingenommenen Präparaten diskutiert). Wie dem auch sei, Cash ist stark angeschlagen, nimmt aber weiterhin Songs auf. Gleich mit dem Eröffnungstitel auf *Solitary Man*, Tom Pettys »I Won't Back Down«, versucht er offenbar genau das unterstreichen zu wollen: »Ich lasse mich nicht unterkriegen!« Auf *Solitary Man* hätte man sich durchweg Cashs alte, kräftige Stimme gewünscht. Allerdings verleiht er manchen Titeln mit eben dieser leiseren, brüchigen Art zu singen eine ganz besondere Atmosphäre. Vielleicht wären einige dieser Songs also früher gar nicht so eindrucksvoll geworden?

Bei mindestens drei Titeln gelingt es Cash dann doch, noch einmal die Kraft und die Ausdrucksstärke der früheren Jahre aufzubringen. Den U2-Song »One« singt er atemberaubend schön und traurig zugleich. Zweifellos ein Highlight, genau wie Will Oldhams »I See A Darkness«. Nick Caves düsterer Titel »The Mercy Seat« jongliert im Text bildgewaltig mit dem Versöhnungsdeckel der Bundeslade und dem elektrischen Stuhl, ein Song, dessen wiederkehrende Reimkadenzen eine sogartige Wirkung erzeugen: Der Sprecher, der auf seine Hinrichtung wartet, beteuert wiederholt, er habe die Wahrheit gesagt, nur in der allerletzten Zeile heißt es plötzlich: »But I'm afraid I told a lie.« Nicht umsonst tauchen diese Songs, wie auch »Hurt« und »The Man Comes Around«, aufgrund der atmosphärischen Dichte immer wieder in Filmen, TV-Serien und anderen Medien auf, meist dann, wenn es düster-melancholisch oder postapokalyptisch wird.

Mit *American IV: The Man Comes Around* folgt das letzte von Cash zu Lebzeiten veröffentlichte Album im November 2002. Erneut sind namhafte Musiker am Werk beteiligt. Auf dem Cover wird gar nicht erst der Versuch unternommen, Cashs Gesundheitszustand zu vertuschen. Er wirkt ungemein gealtert, hat fast seine Sehkraft eingebüßt. Das Album wird letzten Endes mit Platin ausgezeichnet und ist damit so erfolgreich wie zuletzt *Johnny Cash At San Quentin* vor über 30 Jahren. Der Song »Hurt« gehört zu den drei Single-Auskopplungen, ein Lied über Drogen und Tod von Trent Reznor (von der Band Nine Inch Nails). Wie schon bei »Rusty Cage« ist Cash auch hier zunächst der Ansicht, dem Lied nicht gerecht werden zu können. Das Ergebnis ist jedoch bei all der Würde und Verletzlichkeit in der Stimme überwältigend, wenn Cash im Alter auf die eigene selbstzerstörerische Seite zurückblickt. Nach der ersten Zeile »I hurt myself today, to see if I still feel« kommt den Worten »But I remember everything« eine besondere Bedeutung zu, ehe Reue, Verbitterung und Desillusionierung in der Frage »What have I become my sweetest friend?« münden. »Das ist der beste Anti-Drogen-Song, den ich je gehört habe«, sagt Cash. Trent Reznor, der das Lied ursprünglich geschrieben hat, räumt nach anfänglichen Zweifeln ein: »Das ist nicht länger mein Song«.

»Hurt« wird der bekannteste Titel aus der *American*-Reihe. Dies liegt auch an dem aufwendig produzierten Video des polnischen Regisseurs Mark Romanek, das z. T. im damals verlassenen und zerfallenen ›House of Cash‹ in Hendersonville aufgenommen wurde. Entstanden ist eine Art Collage. Symbolträchtige Bilder rund um Tod, Passion, Krankheit und Vergänglichkeit wechseln einander ab mit Filmausschnitten aus Cashs Leben, Streiflichter einer fast fünfzigjährigen Karriere.

So sieht man im Schnelldurchlauf, was den Menschen Johnny Cash ausmachte, was zum Image des ›Man in Black‹ gehörte und was den Songschreiber Cash inspirierte: das Elternhaus und die Baumwollfelder im ländlichen Arkansas, die Symbolkraft der Dampflokomotiven, die Auftritte in Gefängnissen, die Arbeit im Studio, die Konzerte, seine Ehefrau June Carter, der Glaube, Jesus und religiöse Filmprojekte. Cash übernimmt nicht die Zeile »crown of shit« aus dem Original, sondern ändert sie zu »crown of thorns« und bringt damit das Kreuzigungsmotiv in den Song, das im Video ausgebaut wird. Am Ende der Bilderkaskaden klappt Cash den Klavierdeckel zu, streicht mit beiden Händen über das Holz. Ein dumpfer Klang ist verhallt, als wäre ein Sarg geschlossen worden. Das Video wurde mit einem Grammy ausgezeichnet, 2011 wurde es unter die 30 besten Videos aller Zeiten gewählt.

American IV wird zwar überwiegend positiv aufgenommen, im Vergleich zu den Vorgängeralben schleichen sich aber mehr kritische Stimmen in den allgemeinen Hype. Im Zeitraum 1994 bis 2002 hat sich Cashs Gesundheitszustand kontinuierlich verschlechtert, man erlebt also quasi den stetigen, körperlichen Verfall eines großen Künstlers in – wenn man so will – vier Akten.

Und genau das bemängeln einige Stimmen. Rubin habe den Bogen überspannt, es habe sich letzten Endes Routine eingeschlichen – einige Songs auf Cashs letztem Album zu Lebzeiten zündeten nicht mehr, vor allem nicht die Coverversionen des Beatles-Klassikers »In My Life« oder »Bridge Over Troubled Water« von Simon & Garfunkel. Als Rick Rubin nach Cashs Tod die letzten Songs aus dem Jahr 2003 und anderes Material auf zwei weiteren *American*-Alben nachschiebt – *American V: A Hundred Highways* (2006) und *American VI:*

Ain't No Grave (2010) –, drängt sich der Eindruck auf, dass nur noch der Profit im Vordergrund steht. Und tatsächlich sind diese beiden Alben wieder kommerziell erfolgreich. Inzwischen scheinen die schwarz-weiß gehaltenen Cash-Cover zum Selbstläufer geworden zu sein.

Zum Erfolg von *American V* trägt zweifellos der Kinofilm *Walk The Line* von James Mangold aus dem Jahr 2005 bei. Joaquin Phoenix spielt Johnny Cash, Reese Witherspoon June Carter, beide singen selbst die Cash/Carter Songs. Der Soundtrack verkauft sich ebenfalls sehr gut, wird letzten Endes mit Platin ausgezeichnet. Doch trotz des Hypes rund um die *American*-Alben hätte man vielleicht nicht jeden Titel veröffentlichen müssen, den Cash vor seinem Tod noch irgendwie eingespielt hat. »Kein Song ist vor mir sicher«, scherzt er gut aufgelegt bei einer der Sessions. Und richtig, er covert wahllos Songs, von Sting, Neil Diamond, Bob Marley, Neil Young, von den Eagles, Depeche Mode, U2 und von vielen anderen.

Rubin und Cashs Sohn John Carter, der als Co-Produzent und Nachlassverwalter fungiert, haben offenbar einen ausgeprägten Geschäftssinn. Die *American*-Reihe war zur Goldader geworden, und wer bei einer Mine einmal den Claim abgesteckt und eingetragen hat, verteidigt ihn und holt heraus, was möglich ist.

Doch bleibt ebenso unbestritten: Mit der *American*-Reihe ist Rick Rubin ein beachtliches Werk gelungen – und natürlich Johnny Cash, der im Verlauf der letzten zehn Jahre seines Lebens noch einmal hochwertige Alben mit hervorragenden Coverversionen liefert. Und am Ende dürfte nach dem Tod seiner Frau die tägliche Arbeit im Studio für ihn etwas wie ein Lebenselixier gewesen sein. Cashs Karriere umfasst knapp

50 Jahre. Es gibt nur wenige Musiker, die so lange im Geschäft geblieben sind und im Alter noch einmal so erfolgreich waren wie Johnny Cash, nicht nur kommerziell gesehen, sondern auch in Bezug auf die Qualität des Materials.

2003 erscheint das Box-Set *Unearthed* mit fünf CDs. Auf den ersten drei finden sich Titel, die es nicht auf die offiziellen *American*-Alben geschafft haben, eine Sammlung von Outtakes. Aber auch bei diesem Fundus stößt man auf Songs, die qualitativ so gut sind, dass man sich fragt, warum Rick Rubin sie nicht in die Endauswahl genommen hat: Cash covert Neil Youngs »Heart of Gold«, und es klingt traumhaft! *Unearthed* ist wohl Cashs heimliches Vermächtnis, denn immerhin hatte er diese Zusammenstellung noch kurz vor seinem Tod autorisiert (anders als *American V* und *VI*, bei denen der Produzent und Cashs Sohn das letzte Wort hatten).

Johnny Cashs Sohn wird gewiss weitere Alben mit der Musik seines Vaters veröffentlichen – hoffentlich mit Fingerspitzengefühl: *Johnny Cash And The Royal Philharmonic Orchestra* aus dem Jahr 2020 war bestimmt eine gute Idee, völlig überzeugend sind die Cash-Klassiker aber mit der orchestralen Begleitung nicht geworden.

Musiktipps

Für den Einstieg in die Sun-Ära eignen sich Kompilationen wie *Johnny Cash: The Sun Singles Collection* oder *The Sun Years.*

Einen guten Überblick über Cashs Schaffen bieten die Kompilationen *The Legend*, 4 CDs (2005).

Aus der Zusammenarbeit mit Rick Rubin sind alle Alben zu empfehlen, angefangen bei *American Recordings* bis zum letzten Cash-Album zu Lebzeiten *American IV: The Man Comes Around.* Ein Highlight: *VH1 Storytellers: Johnny Cash & Willie Nelson* aus dem Jahr 1998.

Die Zusammenstellung *Unearthed* von 2003, die noch von Cash autorisiert wurde, bietet einen Überblick über die Outtakes der *American*-Sessions.

Cashs Studioalben sind inzwischen alle auf CD erhältlich, allerdings nicht immer einzeln. Sicher hörenswert und interessant sind folgende Alben auf CD/Vinyl:

- *Johnny Cash With His Hot And Blue Guitar* [Sun-LP 1957]
- *The Fabulous Johnny Cash* [LP 1958]
- *Ride This Train* [LP 1960]
- *Bitter Tears. Ballads of the American Indian* [LP 1964].
- *Johnny Cash At Folsom Prison* [LP mit 16 Titeln 1968] in der Reihe American Milestones oder 2 CDs + DVD von 2008.
- *Johnny Cash At San Quentin* [LP 1969] in der Reihe American Milestones.

- *Hello, I'm Johnny Cash* [LP 1969] ist im Dreierpack zu haben: *Original Album Classics Vol. 2*, genau wie *Man in Black* [LP 1971].
- *Silver* [LP 1979].

Das Live-Album *Johnny Cash på Österåker* (Konzert 1972) vermittelt einen guten Eindruck von Cashs Bühnenshow Anfang der Siebziger. *Johnny Cash: The Great Lost Performance* (Konzert 1990) bietet einen guten Überblick über Cashs Tourneen Anfang der Neunziger.

Interessante DVDs sind *The Best of the Johnny Cash TV Show* (2 DVDs 2007); *I Am Johnny Cash* (2016) bietet einen guten Überblick bis zu Cashs Tod.

Lektüretipps

Banister, C. Eric: Johnny Cash FAQ. All That's Left to Know about the Man in Black. Milwaukee 2014.

Cash, Johnny / Carr, Patrick: Cash. The Autobiography. New York 1997.

d'Ambrosio, Antonio. A Heartbeat and a Guitar. Johnny Cash and the Making of Bitter Tears. New York 2009.

Dobler, Franz: The Beast in Me. Johnny Cash und die seltsame und schöne Welt der Countrymusik. München 2004.

Hilburn, Robert: Johnny Cash. The Life. New York 2013.

Hogan, Peter: Johnny Cash. The Complete Guide to His Music. London 2006.

Kleist, Reinhard: CASH – I See a Darkness. Hamburg 2006.

Rolling Stone (Hrsg.): Cash. New York 2004.

Streissguth, Michael: Johnny Cash at Folsom Prison. The Making of a Masterpiece. Cambridge (MA) 2004.

Thomson, Graeme: The Resurrection of Johnny Cash. London 2011.